Jutta Kammann

Rothaarig
und wild entschlossen

Jutta Kammann

Rothaarig
und wild entschlossen

Aufgeben gibt's nicht – mein Leben

In Zusammenarbeit
mit Dr. Margit Roth

Kösel

Klimaneutral
ClimatePartner.com/14044-1912-1001
Druckprodukt

MIX
Papier aus verantwor-
tungsvollen Quellen
FSC® C014889

Penguin Random House Verlagsgruppe FSC® N001967

2. Auflage
Copyright © 2021 Kösel-Verlag, München,
in der Penguin Random House Verlagsgruppe GmbH,
Neumarkter Str. 28, 81673 München
Umschlag: ZERO Werbeagentur
Umschlagmotiv: Robert Brembeck Photography, München
Satz: Uhl + Massopust, Aalen
Druck und Bindung: Friedrich Pustet GmbH & Co. KG
Printed in Germany
ISBN 978-3-466-37269-0
www.koesel.de

Dieses Buch ist auch als E-Book erhältlich.

Inhalt

Für meinen Willem
Der mich an seiner Seite hat wachsen lassen und
mich zu der starken Frau gemacht hat,
die ich heute bin.

Die Kindheit, die keine war

Von Kellern und Bomben

Ich bin ein Kellerkind. Die ersten Jahre meines Lebens wohnten meine Mutter, meine große Schwester und ich in einem dunklen Keller. Unser Kellerabschnitt bestand aus zwei Räumen – einem Wohnzimmer mit einem Bollerofen, einer weichen uralten Couch mit einem Bastbezug, einem Tisch, einem Hochstühlchen für mich und einem schwarzen gebrauchten Büfett. Im winzigen Schlafzimmer stand ein Bett für meine Mutter, mein Babybettchen und ein alter Kleiderschrank. Nachts schlief meine Schwester auf der Couch, tagsüber tollten wir darauf herum. Für mich war der warme Keller ein Ort der Geborgenheit, durch das kleine Kellerfenster direkt unter der Decke schien sogar die Sonne herein.

In diesem Keller im beschaulichen Heidenheim an der Brenz lebten wir, weil meine mit mir hochschwangere Mutter aus Düsseldorf evakuiert worden war. In Düsseldorf heulten nachts die Sirenen, Bomben explodierten, ganze Stadtviertel lagen in Schutt und Asche. Werdende Mütter wurden in Kleinstädte gebracht, um den Nachwuchs für den Führer in halbwegs sicherer Umgebung gebären zu können.

Mein Vater war zu dieser Zeit nicht bei uns. Er war Soldat,

einer der sich freiwillig gemeldet hatte. Er war von Hitlers Ideen überzeugt, so überzeugt, dass er dafür sein Leben gegeben hätte. Vielleicht fühlte sich mein Vater aber auch an der Ostfront mit seinen Kameraden wohler als zu Hause bei seiner Frau. Mein Vater liebte meine Mutter sehr, sie hingegen ließ ihn immer wieder deutlich spüren, dass diese Liebe schon lange nicht mehr auf Gegenseitigkeit beruhte. Wäre er nicht in den Krieg gezogen, hätten sich meine Eltern schon lange vor meiner Zeugung scheiden lassen. So aber waren sie 1943 noch verheiratet und Vater wurde wegen seiner erfrorenen Beine für ein paar Wochen zum Genesungsurlaub nach Hause geschickt. Seine körperliche Versehrtheit hielt ihn nicht davon ab, von seiner Gattin sein eheliches Recht einzufordern. Ein paar Wochen später zog der Obergefreite Kammann mit abgeheilten Beinen und in seiner Manneskraft bestätigt für seinen geliebten Führer wieder in den Krieg. Diesmal an die Westfront. Nach der Kapitulation geriet er in amerikanische Gefangenschaft, vier Jahre später kam er mit neuen Zähnen zurück. Auch Mutter hatte Adolf gewählt, obwohl sie jüdisch erzogen worden war. Als ich sie viele Jahre später fragte, warum sie das getan hat, antwortete sie nur: »Man wählte einfach Hitler. Das taten schließlich alle.«

Für meinen Vater gab es keinen Zweifel, dass er einen Sohn gezeugt hatte. Der Name stand schon fest, er sollte Bernd heißen. Vielleicht war mir schon damals klar, dass das Leben nicht leicht werden würde, denn ich wollte das Licht der Welt partout nicht erblicken. Stattdessen bescherte ich meiner Mutter qualvolle Stunden. Ich drehte mich in eine Steißlage, ein Bein nach oben, eines nach unten. In dieser Stellung blieb ich und bewegte mich keinen Zentimeter. Irgendwann wussten sich die Ärzte nicht mehr anders zu helfen, drehten mich und holten mich mit einer Zange.

Ohne Betäubung, wie es damals üblich war. Die Abdrücke der Greifbacken sieht man noch heute auf meiner Stirn.

Nach Stunden, in denen meine Mutter unglaublich gelitten haben muss, sah sie mich zum ersten Mal und war zutiefst enttäuscht. Anstatt eines properen Bernd, auf den sie sich mittlerweile auch schon ein bisschen gefreut hatte und der die Schmerzen wert gewesen wäre, wurde ihr an diesem 22. 3. 1944 ein Mädchen mit dichtem feuerrotem Haarschopf in den Arm gelegt.

Diese ersten Stunden waren symptomatisch für unser gesamtes gemeinsames Leben. Wir hatten es nie leicht miteinander.

Ein halbes Jahr später muss die Enttäuschung halbwegs verflogen gewesen sein. An einem Spätsommertag saß meine Mutter auf einer Bank, mich hatte sie auf dem Schoß, meine Schwester spielte neben uns im Gras. Die sommerliche Idylle nahm ein Ende, als ein Mann hinter der Bank auftauchte und mir ein Messer an die Kehle hielt. »Uhr oder Baby!« Seine Stimme klang bedrohlich, sein polnischer Akzent überzeugte Mutter restlos davon, dass es sich um keinen Scherz handelte. Mutter zitterten die Hände, als sie versuchte, den Verschluss ihrer Armbanduhr zu öffnen. Der Mann nahm die Uhr und verschwand im Wald. Noch heute bin ich ihr dankbar dafür, dass sie sich für mich und nicht für ihre Armbanduhr entschieden hat. Mutter erstattete Anzeige und kurz darauf wurde der Mann auch gefasst. Es handelte sich um einen polnischen Zwangsarbeiter aus der nahegelegenen Turbinenfabrik Voith. Der Mann bekam eine Strafe, Mutter die Uhr dennoch nicht zurück. Im Nachhinein kann man es ihm nicht einmal verdenken, dass er für sein eigenes gestohlenes Leben etwas zurückhaben wollte.

Der Krieg ging vorbei. Im Haus in der Ernst-Degeler-Straße herrschte eine drangvolle Enge. So wie wir, waren auch andere evakuierte Familien einquartiert worden. Für uns Kinder bedeutete das, dass wir im Haus leise sein mussten. Hinter dem Haus aber gab es einen großen Garten, in dem wir Kinder spielen und lärmen durften. Unser größter Spaß war es, dutzende Maikäfer in eine alte Zigarrenkiste zu sammeln. Die Zigarrenkiste kleideten wir mit Kastanienblättern aus, damit die Käfer nicht verhungern mussten. Ob das den Maikäfern das Leben verlängert hat, sei dahingestellt.

Inzwischen war ich drei Jahre alt, meinen Vater hatte ich bis dahin noch nicht kennengelernt.

Stattdessen hatte Mutter einen Freund, wir nannten ihn Onkel Hans. Hans Blüml war ein Ingenieur aus Brünn in Tschechien. Onkel Hans gehörte schon bald zur Familie. Er ging mit uns Kindern ins Freibad an die Brenz und brachte mir das Schwimmen bei. An Weihnachten lieh er dem Weihnachtsmann seine Stiefel und seine Stimme.

Onkel Hans hatte ein sehr großes Herz und gleich drei große Lieben. Neben seiner Liebe zu meiner Mutter und uns Kindern, hatte er zwei weitere Lieben: die zu einer Horex und die zu einer drallen Blondine.

Seine Liebe zu dem Motorrad teilte er mit uns, die Blondine behielt er für sich. Die Horex war in den 40ern das, was heute für einen echten Easy Rider eine Harley ist. Anstatt einer durchgehenden Sitzbank hatte die Horex zwei Sättel, die wie Fahrradsättel aussahen. Onkel Hans saß auf dem Sattel vorne, Mutter hinten und ich mangels einer Sitzbank mit einem Sofakissen unter dem Hintern dazwischen. Mutter klammerte sich fest an Onkel Hans und klemmte mich dabei ein, damit ich nicht runterfallen konnte. Für kurze Fahrten durch Heidenheim, an die Brenz oder zum Schloss Hellenstein war das sehr aufregend. Irgendwann aber hatten Onkel Hans und Mutter die Idee, einen Ausflug ins Allgäu zu unternehmen, natürlich mit der Horex.

Nach einer Stunde wurde ich müde, nach zwei Stunden rutschte ich von einer auf die andere Seite. Ich konnte mich einfach nicht mehr halten. Anfangs schimpfte Mutter nur. »Halt still. Sitz gerade.« Auf das Schimpfen folgten Ohrfeigen. Irgendwann hielt Onkel Hans an und beruhigte die auf dem Sozi sitzende Angebetete. Ich mochte Onkel Hans. Er mochte uns Kinder. Und meine Mutter ... Röschen. Noch viel lieber aber mochte Onkel Hans seine üppige Blondine, seine dritte große Liebe. Er verließ sein Röschen und heiratete die Blondine.

Onkel Hans begründete seine Wahl damit, dass er eine Frau mit zwei Kindern doch nicht heiraten könnte. Für Mutter war der Fall klar: »Ihr Kinder seid schuld. Wegen euch hat er mich sitzen lassen.« Als Kind fühlte ich mich immer schuldig. Ich war sicher, dass ich allein schon durch mein Dasein das Lebensglück meiner Mutter zerstört hatte.

Das Kind verhungert ja

Meine erste eigene schemenhafte Erinnerung hat nichts mit Mutter, dem Keller oder Onkel Hans zu tun, sondern mit dem Marienhospital, in das man mich mit drei Jahren wegen Unterernährung und Asthma brachte.

Ich war klapperdürr und weigerte mich zu essen. Essen war für mich Strafe. Meine Mutter versuchte es mit gut zureden und Ohrfeigen. Tag für Tag saß ich tränenüberströmt am Tisch und versuchte aufzuessen. Es ging einfach nicht. Mit der aufgebrachten Mutter an meiner Seite ging es noch viel weniger. Vor lauter Panik bekam ich Atemnot und erstickte fast.

Schließlich war ich so mager, dass man mich ins Krankenhaus bringen musste.

Ende der 40er-Jahre gab es nur große Krankensäle. Dutzende Betten standen in Reih und Glied. Für mich war alles fremd und bedrohlich, die anderen Kinder, die Schwestern und Ärzte. Voller Angst verkroch ich mich unter der Bettdecke. Während ich mit dem Schlimmsten rechnete, hatten die Schwestern und die anderen Kinder großen Spaß und tollten durch den Saal. Es war Fasching, alle hatten sich kostümiert und tobten durch die Gänge.

Ich war mir sicher, dass Mutter mit ihren Prophezeiungen recht behalten hatte. Sie hatte gesagt, dass mich die Schwestern wie eine Gans stopfen würden. Es kam aber ganz anders. Anstatt mich zu stopfen, waren die Schwestern sehr liebevoll. Sie zogen die Bettdecke vorsichtig zurück, fragten, ob ich nicht auch mitspielen möchte und trugen mich schließlich, als Rotkäppchen verkleidet, auf dem Arm durchs Haus.

Wer ist der Mann mit dem roten Vollbart?

Mit drei, vielleicht auch schon vier Jahren lernte ich meinen Vater kennen. Unser erstes Zusammentreffen war keineswegs so, wie man es in rührseligen Nachkriegsfilmen dargestellt hat.

Ich hatte ein Paidi-Kinderbettchen, das quer am Fußende von Mutters Bett stand. Wie jeden Morgen kletterte ich schlaftrunken über die Gitterstäbe, um mich in ihr Bett plumpsen zu lassen und vor dem Aufstehen noch ein bisschen mit ihr zu kuscheln. An diesem Morgen unseres ersten Kennenlernens war ich mit einem Beinchen schon über den Gitterstäben, als ich einen mir völlig fremden Mann mit feuerrotem Vollbart in Mutters Bett liegen sah.

In dem Moment tauchte sie schon komplett angezogen im Türrahmen auf. Ich schaute fragend zu ihr, dann wieder zu dem Mann und wieder zu ihr: »Mutti, steht der Herr da bald auf?« Für Herrn Kammann war daraufhin klar, dass jeden Morgen irgendwelche fremden Männer im Bett seiner Ehefrau lagen. Die Familienzusammenführung stand von Anfang an unter keinem guten Stern.

Bis zu dem Tag, an dem mein Vater aus der amerikanischen Gefangenschaft zurückkam, war Mutter die Herrin im Haus, so wie es viele Frauen im Krieg waren, deren Männer an der Front kämpften. Gerieten die Männer in Kriegsgefangenschaft, so führten die Frauen ihr selbstständiges Leben auch nach Kriegsende weiter. Sie waren es gewohnt, sich von niemandem Vorschriften machen zu lassen, was unweigerlich zu Konflikten führte, wenn die Männer doch noch heimkehrten.

So war es auch bei uns, denn mein Vater benahm sich so, wie es die meisten Kriegsheimkehrer taten: er akzeptierte die neue Position seiner Frau nicht, sondern verstand sich selbstverständlich als Familienoberhaupt, das bestimmte, wie die Dinge geregelt werden müssen. Unglücklicherweise wollte er ihr an mir demonstrieren, wie richtige Erziehung funktioniert, nämlich auf militärische Art und Weise. Seinen ersten pädagogischen Auftrag sah er darin, dem Kind das Daumenlutschen abzugewöhnen. Trotz meiner vier Jahre hatte ich im Schlaf immer noch mein Däumchen im Mund. Mutter hatte alle möglichen Hausmittel gegen das Lutschen ausprobiert – Handschuhe, Senf, Pfeffer. Geholfen hat nichts.

Der fremde Mann mit dem roten Vollbart, den ich »Vati« nennen sollte, beugte sich eines Abends über mein Bettchen und sah mir mit strengem Blick in die Augen. Bedeutungsvoll sagte er: »Kind, ab heute wird nicht mehr am Daumen gelutscht. Haben wir uns verstanden?« »Ja Vati, ich lutsche nicht mehr!«, sagte ich mit leiser Stimme und nickte, um mein Versprechen zu untermauern. Mein Vater richtete sich wieder auf und schaute triumphierend zu meiner Mutter. »Siehst du, so macht man das!«

Am nächsten Morgen, wie hätte es auch anders sein sollen, lag ich schlafend in meinem Bettchen und lutschte hingebungsvoll an meinem Daumen. Diese Disziplinlosigkeit wollte der Vater nicht dulden. Er zog mich hoch und schlug mir mit aller Härte ins Gesicht. Ein Blutschwall schoss mir aus der Nase. Ich bebte vor Zorn, stampfte mit den Füßen auf und schrie ihn an: »Das sage ich dir, ich trete dich in die unterste Hölle!«

Mutter ging sofort dazwischen und verhinderte so weitere Gewaltexzesse. Im Nachhinein denke ich, dass es diese Situation war, in der sie endgültig beschloss, sich scheiden zu lassen.

Zu dieser Scheidung wäre es beinahe nicht mehr gekommen und das alles nur wegen einer Blödelei, die sich fast zu einer Katastrophe ausgewachsen hätte. Meine Mutter saß auf einem Stuhl, mein Vater stand links von ihr, meine Schwester rechts. Ich wollte unbedingt auch zur Mutter, die beiden wollten es lachend verhindern, indem sie sich über Mutters Schoß beugten, Gisela unten, mein Vater darüber. Um Gisela zu vertreiben, biss ich ihr herzhaft in den Hintern, der auf meiner Kopfhöhe war und löste damit fatalerweise eine Kettenreaktion aus. Gisela schoss mit einem Aufschrei hoch. Vater, der sich ja über sie gebeugt hatte, bekam Giselas Hinterkopf an seine Stirn. Durch die Wucht des Schlags kippte er um, knallte an die Kante des Türrahmens und sackte ohnmächtig zusammen. Erstarrt blickten wir alle drei auf Vati. Mutter dachte es wäre ein Scherz und sagte bedeutungsschwanger: »Seht ihr, jetzt ist er tot.« Ich mochte diesen Eindringling, den ich »Vati« nennen musste zwar nicht, aber das hatte ich dann doch nicht gewollt. Tot war das neue Familienoberhaupt zwar nicht, aber schwer angeschlagen. In den nächsten Tagen lag er regungslos im Bett und genoss die Fürsorge seiner Familie. Dass wir ihn nicht aus Liebe, sondern wegen unseres schlechten Gewissens umsorgten, schien er gar nicht zu bemerken. Später erzählte mir Mutter, dass sie panische Angst hatte, er könne durch diesen Unfall ein Pflegefall geworden sein. Einen behinderten Mann verlassen? Das hätte sie in eine echte moralische Zwickmühle gebracht. Was sollten denn die Leute denken?

Glücklicherweise verlor mein Vater sehr schnell die Freude am Invalidentum und verließ sein Pflegebett. Und Mutter konnte nun doch noch dem Trauerspiel »Ehe« ein Ende setzen.

Rothaarig

Gisela war ein hübsches, ja sogar ein besonders hübsches Kind. Sie hatte dichte, blonde Naturlocken und ein strahlendes Lachen. Es kam nicht selten vor, dass amerikanische Soldaten, die in Heidenheim als Besatzungsmacht stationiert waren, mit ihrem Jeep anhielten, diese deutsche Shirley Temple mit den Korkenzieherlocken in das Fahrzeug hoben und mit ihr durch die Gegend fuhren. Als Belohnung bekam sie auch noch Puppen und Süßigkeiten. Noch Jahre später erzählte mir Mutter stolz diese Anekdote. Ich wäre auch gerne so hübsch gewesen.

Mich hatte die Natur anders ausgestattet. Von Geburt an hatte ich feuerrote Haare und so ist es bis heute geblieben. Auch mir fielen zwar nach ein paar Monaten, wie bei den meisten Babys, die Haare aus, anstatt blonder Korkenzieherlocken aber wuchs bei mir nur ein dünner roter Flaum nach.

Mit fünf Jahren, noch bevor ich eingeschult wurde, entschied Mutter das Problem auf ihre Art zu lösen. Sie ging mit mir zum Friseur und wies ihn an, dem Kind eine Glatze zu rasieren. Meine Tränen flossen in Strömen, als ich im Spiegel sah, wie mir auch das letzte bisschen Haarschmuck geraubt wurde. Kahlköpfig wie ich nun war, setzte mir Mutter einfach eine Wollmütze auf. Es war Hochsommer.

Als Gisela von der Schule kam, musste ich sie auf Anweisung von Mutter mit den Worten empfangen: »Mutti hat eine Überraschung für dich.« Meine Schwester schaute mich erwartungsvoll an. Ich zog blank, meine Schwester schrie auf: »Mit der soll ich noch auf die Straße gehen? Ich kann doch nicht alle Kinder verhauen, die sie jetzt ärgern!« Hat sie dann aber doch getan. Ein ganzes Jahr lang vermöbelten wir zu zweit alle Kinder, die Glatzen-Jutta hinter mir herschrien. Jeden Monat wurde mir mein Schädel kahl geschoren, so lange, bis meine Haare dichter wurden. Dann durften sie wieder wachsen. Ob es daran lag, dass ich älter wurde oder an Mutters Radikalkur – wer weiß das schon.

Kahlköpfig war ich zwar nun nicht mehr, dafür schallte es jetzt durch die Ernst-Degler-Straße: »Rotfuchs, Rotfuchs«.

Ich hasste meinen Vater für dieses Erbe und beschwerte mich jeden Abend bei Mutter: »Sobald ich groß bin, lasse ich mir sofort die Haare färben!« Mutter, die auch lieber einen Bernd ohne rote Haare als eine Jutta mit roten Haaren gehabt hätte, nahm es gelassen und vertröstete mich auf später.

Als ich dann endlich »groß« war, habe ich im Traum nicht mehr daran gedacht, an meiner Haarfarbe etwas ändern zu wollen. Während andere Frauen mit dunklen Haaren schon in den Dreißigern färben müssen, genieße ich heute immer noch den Vorteil der roten Pigmentierung. Meine Haare sind zwar nicht mehr so feuerrot wie früher, rot sind sie aber immer noch.

Und immer bin ich die Neue

Meine Odyssee von Pflegefamilie zu Pflegefamilie, von Heim zu Heim, von Internat zu Internat begann schon im Kleinkindalter. Mutter musste arbeiten, um uns zu versorgen. Das eigene Kind zu irgendwelchen sogenannten Tanten und Onkel zu geben, die sich mit der Unterbringung von Pflegekindern ein paar Mark dazuverdienten, war in der Nachkriegszeit für alleinerziehende Mütter nichts Ungewöhnliches.

Die goldene Regel für Pflegekinder lernte ich sehr schnell: »Sei lieb und passe dich an. Nur so wirst du nicht zur Zielscheibe von schlechter Laune und Gewalt.«

Es war noch nicht einmal so, dass einige meiner Pflegeeltern und auch meine Mutter besonders sadistisch gewesen wären, sie verhielten sich einfach so, wie es den pädagogischen Normen der Zeit entsprach. Die schwarze Pädagogik, die im Nachkriegsdeutschland noch immer weit verbreitet war, ging davon aus, dass höchste Selbstbestimmung und höchste Menschlichkeit nur erlangt werden können, wenn es dem Menschen gelingt, die Natur hinter sich zu lassen und zur Vernunft zu kommen. Dem Kind alles Kindliche auszutreiben gehörte mit zu diesen pädagogischen Methoden. Natürlich gab es zu dieser Zeit auch schon reformpädagogische Ansätze, die das Kindeswohl im Auge hatten, aber die hatten sich bis zu meinen Bezugspersonen noch nicht herumgesprochen.

Meine ganze Kindheit sehnte ich mich nach Liebe und Geborgenheit, die in meiner Vorstellung alle anderen Kinder bekamen. Nur ich nicht. Zumindest nicht von meiner Mutter, so sehr ich mich auch darum bemühte.

Wirklich entsetzlich war allerdings, dass es Mutter nicht ertragen konnte, wenn ich mich bei meinen Pflegeeltern begann wohlzufühlen. Da erwachte ihre Eifersucht. Wann immer so etwas wie Vertrauen und Geborgenheit zu keimen begann, überwarf sie sich mit diesen Leuten und verbot mir, weiter hinzugehen. Oder ihr Problem löste sich, indem wir wieder einmal umzogen.

Meine erste Pflegefamilie war eine Schusterfamilie. Sie hatten dicke Plumeaus, die sie im Winter über mir auftürmten, und eine große Kupferwärmflasche, die sie mir ins Bett legten. Ich wäre gerne bei ihnen geblieben, aber wir zogen ins Nachbarstädtchen Gingen.

Mutter hatte in Gingen in einem kleinen Sportgeschäft Arbeit gefunden. In meiner Erinnerung war das ganze Geschäft bis unter die Decke mit Lederfußbällen gefüllt. Diesen Ledergeruch, der in der Luft hing, werde ich nie vergessen.

Die Pflegefamilie in Gingen wollte mich an Ostern mit einem kleinen Geschenk überraschen. So, wie auch für ihre eigenen Kinder, hatten sie für mich eine Kleinigkeit versteckt. Einen kleinen Puppenbesen und ein Schäufelchen. Stolz und glücklich präsentierte ich Mutter mein neues Spielzeug. Umgehend schickte sie mich wieder hin und verlangte von mir, die Spielsachen zurückzugeben. »Ich habe dir doch verboten, von fremden Menschen etwas anzunehmen.« Ich weiß nicht, was schlimmer für mich war: die Spielsachen nicht behalten zu dürfen oder die Menschen, die freundlich zu mir waren enttäuschen zu müssen.

Wir zogen weiter nach Ulm, das ebenfalls in Baden-Württemberg liegt. Ich verbrachte meine Tage wieder bei einer Pflegefamilie, einen Kindergarten gab es nicht. Dann endlich im Herbst kam der große Tag, auf den ich mich schon so lange gefreut hatte. Endlich in die Schule. Lesen, Rechnen und Schreiben lernen, zu den Großen gehören.

Während alle anderen Kinder diesen besonderen Tag mit ihren Eltern begehen durften, brachten mich meine Pflegeeltern zur Schule.

Ich möchte glauben, dass mich Mutter gerne begleitet hätte, aber ihre gerade begonnene Karriere auf keinen Fall gefährden wollte.

Von Ulm zogen wir nur Wochen später nach Darmstadt in Hessen, untergebracht wurde ich im Caritaskinderheim »Schloss Falkenhof« in Bensheim an der Bergstraße. In Hessen begann das Schuljahr schon an Ostern, in Baden-Württemberg hingegen erst im Herbst.

Ich zog also nicht nur in ein anderes Bundesland, sondern hing schon im ersten Schuljahr mit einem Mal ein halbes Jahr im Lehrplan hinterher.

Von Pflegefamilie zu Pflegefamilie weitergereicht zu werden, war nicht einfach für mich. In jeder Familie musste ich möglichst schnell die Gebote und Verbote herausfinden. Ich musste lernen, mich in die neue fremde Familie einzufügen.

Dass das Leben in Pflegefamilien im Vergleich zum Leben in einem Heim ein Privileg ist, wurde mir erst in Bensheim bewusst. Ich war jetzt nicht mehr nur das Kind, das oft bei Pflegeeltern war. Jetzt war ich plötzlich das Heimkind. Selbst in der Nachkriegszeit war das ein Makel.

Begründet wurde meine Heimunterbringung mit dem milden Klima, für das Bensheim bekannt war. In Bensheim verlebte ich die schlimmste Zeit meiner Kindheit.

Mutter versprach mir, dass mein Asthma im Heim besser werden würde und ich weniger husten müsste. Daran, dass diese entzündliche Lungenerkrankung vielleicht nicht nur mit der schlechten Luft in der Stadt, sondern auch mit unserer schwierigen Familiensituation und den vielen Umzügen zusammenhängen könnte, dachte man zu dieser Zeit noch nicht.

Im Kinderheim wurde mein Asthma trotz des guten Klimas nicht besser, meine seelische Verfassung jedoch sehr viel schlechter. Jetzt war ich nicht nur die Neue, sondern plötzlich auch noch die Doofe.

Als ich in Bensheim ankam, waren mir meine Mitschüler und Mitschülerinnen in der ersten Klasse ein halbes Jahr voraus. Sie konnten schon die meisten Buchstaben des Alphabets und die Zahlen bis 100, ich konnte fast noch nichts. In den Augen der Kinder war ich einfach nur doof und dadurch das ideale Ziel ihres Spottes. Kinder können grausam sein.

Die Heimleiterin war eine pragmatische Frau und wollte das Problem bei der Wurzel packen. Sie gab mir Nachhilfeunterricht. Während alle anderen Kinder im großen Schlafsaal ins Bett mussten, »durfte« ich zu ihr auf's Zimmer, um Lesen, Schreiben und Rechnen zu üben. Es dauerte nicht lange, bis mir die anderen Heimkinder diese Sonderbehandlung übel nahmen und sich perfide Spielchen für mich ausdachten.

Eines Tages zerrten sie mich beispielsweise in einen dunklen Stollengang und hielten mich fest. Sie erzählten mir Geschichten von bösen Hexen und Zauberern, die im Stollen wohnen würden und kämen, um mich zu holen. Durch Märchenerzählungen wusste ich ganz genau, dass es diese gruseligen Figuren gab und sie auch Böses mit mir anstellen würden. Vor meinem inneren Auge sah ich große dampfende Töpfe, in die mich die böse Hexe werfen würde und Käfige in dunklen Kellergewölben, in denen ich bis ans Ende meiner Tage gefangen gehalten werden würde. Die anderen Kinder stachelten sich in ihren Gemeinheiten gegenseitig an.

Die Erzieherin, die für uns Kinder zuständig war, tat so, als würde sie die Quälereien nicht mitbekommen. Wessen Verhalten grausamer war – das der Kinder oder das der Erzieherin, sei dahingestellt.

Vielleicht als Reaktion auf diesen psychischen Ausnahmezustand fing ich an schlafzuwandeln. Immer wieder kam es vor, dass mich jemand vom Personal in einem der vielen Gänge des alten Schlosses aufgriff und in den Schlafsaal zurückbringen musste. Die Frage der erbosten Erzieherin, was ich in diesem verbotenen Teil des Schlosses zu nachtschlafender Stunde zu suchen hatte, konnte ich nicht beantworten. Ich wusste es ja selbst nicht.

Also bestrafte sie mich, um mir dieses Fehlverhalten auszutreiben. Stundenlang musste ich auf dem kalten Steinfußboden neben meinem Bett stehen, um über meinen Fehler nachzudenken.

Heute, 70 Jahre später, stellen mir junge Menschen die Frage, warum ich meiner Mutter bei ihren sonntäglichen Besuchen nichts von diesen Grausamkeiten erzählt habe. Ich traute mich einfach nicht. Wann immer Mutter kam, sagte sie mir eindringlich, wie viel sie arbeiten müsse, um dieses Heim zu finanzieren. »Sei lieb und artig, wenn ich für uns schon so schwer arbeiten muss«, war einer ihrer Lieblingssätze.

Und die Heimleiterin, die mir Nachhilfe gab? Sie war eine freundliche Frau, die für die Sonderbehandlung, die sie mir angedeihen ließ, auch Wohlverhalten und Dankbarkeit verlangte. Wenn über eine ihrer Mitarbeiterinnen schlecht gesprochen worden wäre, hätte sie das als kindliche Fantasie abgetan.

Niemand konnte mir helfen. Wann immer die anderen Kinder spielten, verkroch ich mich in eine Kiste, die hinter zusammengestellten Möbeln auf einer nicht genutzten Terrasse stand. In dieser Kiste fand mich niemand, hier war ich geschützt, hier konnte ich mich in Welten mit guten Feen und Königstöchtern flüchten. So sicher ich mich in diesem Behältnis fühlte, so verloren war ich auch. Ein Kind, vergessen von der Welt.

Die ersten Monate gingen vorbei, dann stand Weihnachten vor der Tür. Zum Fest der Liebe wollte Mutter sich ein paar Tage für mich Zeit nehmen. Sie hatte mir versprochen, mich am heiligen Abend nachmittags abzuholen. Die Stunden vergingen, Mutter kam nicht.

Während ich in meinem Mäntelchen und mit meinem

kleinen Köfferchen auf einer Bank vor dem großen Saal wartete, feierten die Kinder im Saal Bescherung.

»Ihr Kinderlein kommet« und »Oh Du Fröhliche« schallte es durch die Tür. Durch die Butzenscheiben sah ich schemenhaft den hell erleuchteten Weihnachtsbaum, durfte aber nicht teilhaben. Die Tränen kullerten. Irgendwann, als die Sonne schon lange untergegangen war, kam endlich Mutter. Alles würde doch noch gut werden.

Wir rumpelten mit einer menschenleeren Straßenbahn durch das nächtliche Darmstadt. Zerbombte Ruinen säumten den Weg. In den Fenstern der noch stehen gebliebenen Häuser sah man Weihnachtsbäume mit brennenden Kerzen, Familien standen beieinander. Und manchmal konnte ich sogar ein paar Liedfetzen hören. Überall war das Christkind gekommen. »Gleich kommt das Christkind auch zu dir«, versprach mir Mutter. Endlich angekommen, sperrte sie die Tür zu ihrem kleinen, kalten, möblierten Zimmer auf. Aber da war nichts. Kein Christkind, kein Weihnachtsbaum, keine Sterne, nicht mal eine Kerze. Ich bekam einen kleinen Hund aus Seife.

Nachts lag ich im Arm meiner Mutter in ihrem schmalen Bett. Sie weinte. Vielleicht um Onkel Hans, ihre verlorene Liebe, vielleicht aber auch, weil sie das Leben an diesem besonderen Tag als unendlich ungerecht empfand.

Ich versuchte sie zu trösten. Es war Heilig Abend, ich war sechs Jahre alt.

Am nächsten Morgen entdeckte Mutter die blauen Flecken auf meinem Rücken, meinen Armen und meinen Beinen. Es blieb mir nichts anderes übrig, als alles zu beichten. Ich war fest davon überzeugt, dass es meine Schuld sei, dass die Erzieherin so brutal zu mir war. In meiner Welt waren es die Erwachsenen, die alles richtig machten und die Kinder, die böse waren und bestraft werden mussten. Aber anstatt zu schimpfen und mich vielleicht für meine vermeintlichen Unartigkeiten zu schlagen, fuhr Mutter umgehend mit mir ins Heim, machte ihrem ganzen Ärger Luft, packte meine Sachen und nahm mich mit.

Gegen ein kleines Entgelt passte in den nächsten Wochen Mutters Vermieterin nachmittags auf mich auf, vormittags ging ich zur Schule. Ich war immer noch in der ersten Klasse und besuchte bereits die dritte Schule.

Der Seifenhund, der an Weihnachten eine große Enttäuschung gewesen war, wurde zu meinem einzigen Schatz und meinem liebsten Spielgefährten. Er überlebte meine Fürsorge fast ein ganzes Jahr.

Zur Untermiete bei Tante Thomas

Von Darmstadt zogen wir nach Hagen in Westfalen. Meine Mutter wurde Einkäuferin für Damenoberbekleidung.

Wir wohnten bei »Tante« Thomas in der Feithstraße, einer warmherzigen Kriegerwitwe, die mich gleich in ihr großes Herz schloss. Tante Thomas hatte eine 15-jährige Tochter, Gisela. Wann immer Mutter verreist war, durfte ich im Bett bei Tante Thomas und Gisela übernachten. Zwischen den beiden Matratzen, auf denen sie lagen, gab es eine Besucherritze. Die Ritze war zwar hart, aber der sicherste Ort auf Erden. Über dem Ehebett hing ein großes Bild, auf dem ein verwunschener See inmitten eines Waldes abgebildet war. Drumherum zarte Elfen, die mich in meine Träume begleiteten.

Hinter dem Haus hatte Tante Thomas einen kleinen, schönen Garten mit Himbeersträuchern, Erdbeeren, Apfel- und Zwetschgenbäumen. Ein Holzverschlag diente als Hühnerhaus. Ich durfte in diesem Garten Früchte futtern und Hühner füttern. Mutter zahlte Kostgeld für mich.

Sonntag war bei Tante Thomas immer ein besonderer

Tag. Morgens ging sie mit Gisela und mir in die Kirche zur Heiligen Elisabeth, anschließend kochte sie für sich und die Mitbewohner. So wie uns, hatte Tante Thomas einen weiteren Untermieter aufgenommen, einen alten freundlichen Mann mit einem sehr langen weißen Bart. Wir nannten ihn Opa.

Wir saßen also sonntags immer alle Fünfe an einem großen Holztisch, auf dem eine weiße Tischdecke mit Lochstickerei lag. Tante Thomas schöpfte jedem mit einer großen Kelle Gemüse und ein wenig Fleisch auf den Teller. Natürlich hatte auch Tante Thomas wenig Geld, weshalb die Kosten für das schöne Sonntagsmahl zwischen allen aufgeteilt wurde.

Die schlechte Esserin, die ich schon als Kleinkind war, blieb ich auch als Schulkind. So sehr ich mich auch bemühte, ich bekam einfach nichts runter. Durch die kargen Zeiten in den Kriegs- und Nachkriegsjahren stand es für meine Mutter außer Diskussion, dass das, was auf dem Teller liegt, auch aufgegessen werden muss und zwar nicht irgendwann, sondern zügig. Und so war es auch beim Sonntagsessen für Mutter ein ehernes Gesetz, dass derjenige, der seinen Teller als letzter leer gegessen hat, zur Strafe ins Bett musste. Der Opa sah mir an, dass ich so gerne in den Garten wollte und nicht wusste, wie ich der Strafe entgehen könnte. Andererseits wollte er sich auch nicht in die Erziehung meiner Mutter einmischen und den Hausfrieden stören. Kurzerhand aß er noch langsamer als ich und ersparte mir so oft den verhassten Mittagsschlaf.

So eine vergleichsweise sanfte Strafe gab es nur dann, wenn wir alle gemeinsam am Tisch saßen. Wenn sie keine Zeugen hatte, benutzte sie drastischere Strafmaßnahmen. Rückblickend glaube ich, dass die Weigerung zu Essen meine Mutter zur Verzweiflung getrieben hat. Ein Kind zu haben, das partout nicht essen will, muss für eine Mutter schlimm sein.

Der Wassertropfen

Immer noch in der ersten Klasse, war ich inzwischen in meiner vierten Schule, und tat mich sehr schwer mit dem Lesen. Zu Weihnachten schenkte mir Mutter ein dickes Märchenbuch von Hans Christian Andersen. Wenn sie Zeit hatte und da war, las sie mir vor dem Einschlafen aus diesem vor.

Die Prinzessin auf der Erbse, Die Schneekönigin, Die kleine Seejungfrau, Die wilden Schwäne – ich fieberte der Gute-Nacht-Geschichte schon beim Abendessen entgegen, weil ich unbedingt wissen wollte, was meine Helden in ihren Zauberwelten alles erleben würden. Aber ich wollte meine Märchenfiguren selbst zum Leben erwecken und ärgerte mich, dass ich es nicht selber konnte und immer auf Mutter warten musste.

Das kürzeste Märchen in meinem Geschichtenbuch war das vom Wassertropfen.

»Du wirst doch wohl wahrscheinlich ein Vergrößerungsglas kennen, so ein rundes Brillenglas, das alles hundertmal größer macht, als es ist?«

Buchstabe für Buchstabe kämpfte ich mich erst durch den ersten Satz, dann durch das ganze Märchen. Ich hatte nichts von dem, was ich gelesen hatte, verstanden. Aber ich hatte es geschafft. Ich hatte es gelesen, mein erstes Märchen. Mein Ehrgeiz war geweckt und schon bald war ich in unserer alten Schulbaracke nicht mehr die Neue, Dumme, sondern endlich Jutta.

Bei den Nonnen

Tante Thomas war eine warmherzige Frau, die sich sehr um mich kümmerte. Trotz dieser Unterstützung war es für Mutter eine schwierige Zeit, besonders nachts. Wir schliefen zu zweit auf einer engen Schlafcouch, und wann immer ich mich umdrehte, wurde sie wach. Sie ermahnte mich, schimpfte mich. Irgendwann wachte ich am Fußende auf. Wir hatten eine Lösung gefunden, wir schliefen einfach Kopf an Fuß.

Durch unsere neue Schlafmethode konnte Mutter zwar besser schlafen, morgens aber hatte sie meine kohlrabenschwarzen Füße im Gesicht. Mein Lieblingsspielplatz war die Kohlenhandlung nebenan. Immer barfuß unterwegs, grub sich der Dreck so tief in meine Poren, dass meine Füße auch durch engagiertes Schrubben nicht mehr sauber wurden.

Die Zeit bei Tante Thomas und ihrem Garten und ihren Hühnern nahm ein jähes Ende, als Mutter wie durch ein Wunder in dieser Nachkriegszeit eine Mansardenwohnung mit zwei Zimmern in der Lützowstraße ergatterte. Und wieder musste sie die Kinderbetreuung neu regeln. Ich kam in das Schutzengel-Kinderheim der Schwestern vom heiligen Vinzenz von Paul in Hagen-Eilpe. In dem riesigen düsteren Haus lebten überwiegend Kriegswaisenkinder. Die Nonnen trugen lange schwarze Gewänder, die weißen Hauben, die sie aufhatten, ragten spitz in den Himmel. Ich erwartete ein zweites Bensheim.

Wir Mädchen waren in zwei großen Schlafsälen untergebracht. Im Erdgeschoss die Aufenthaltsräume, im ersten Stock die beiden Schlafsäle und dazwischen eine Klosterzelle mit zwei kleinen Glasfenstern, in der zwei Nonnen schliefen. Damit konnten sie jederzeit einen Kontrollblick in die Schlafsäle werfen.

Wir Kinder vom Heim wurden nicht im Waisenhaus unterrichtet, sondern gingen mit den anderen Kindern des Ortes zusammen in die Schule. Wir Waisenhauskinder waren für alle aus dem Ort etwas Minderwertiges, wir waren

Freiwild für sie. Wir wurden verspottet und gehänselt, gerade so, als wären wir selbst schuld daran, im Heim leben zu müssen. Die Lehrer waren um keinen Deut besser. Nach den Pausen mussten sich alle Kinder in Zweierreihen anstellen, um zurück ins Schulgebäude zu gehen. Eine Schlange bildeten die Kinder aus dem Ort, die andere waren wir, die Waisenhauskinder.

Ich war zwar erst sieben Jahre alt, aber das lief mir doch gehörig gegen den Strich und stachelte meinen Gerechtigkeitssinn an.

»Ich bin kein Waisenkind, ich bin in einem Kinderheim«. Die kleine schmächtige Jutta prügelte sich mit den anderen Kindern aus dem Ort und fing oftmals ordentlich Keile ein. Aber mein ganzer Trotz half mir leider nichts. Die Lehrer blieben dabei. Wenn der Appell der Lehrer »Waisenkinder, alle aufstehen« gegeben wurde, musste ich auch aufstehen.

So ungerecht die Lehrer waren, so liebevoll waren die Nonnen. Besonders im Gedächtnis ist mir Schwester Spinola geblieben. Schwester Spinola war groß, hager und verhärmt. Auf den ersten Blick sah sie zum Fürchten aus und doch kümmerte sie sich aufopfernd und liebevoll um uns Mädchen.

Mein Lieblingsort im Waisenhaus war der Klostergarten, in dem wir Kinder mithelfen durften. Im Garten zogen die Schwestern Gemüse und ernteten Obst. Meine Lieblingsbeschäftigung war das Möhrenziehen. Ich schnappte mir die fiedrigen Blätter, zog beherzt mit beiden Händen und wedelte freudig mit der noch sandigen Karotte, wenn ich es wieder einmal geschafft hatte, meinen Beitrag zur Ernte zu leisten.

Auf der großen Wiese unter den Obstbäumen wurden die frisch gewaschenen Bettlaken und Bezüge zum Bleichen ausgelegt. Nach dem Bleichen roch die Wäsche wunderbar frisch, ein Geruch aus Kindertagen, den ich nie mehr vergessen werde.

Einmal in der Woche hatten wir Mädchen Küchendienst. Unsere Aufgabe war es, Gemüse zu putzen und in einen großen Topf zu werfen. Bei den Nonnen war die Rollenverteilung sehr klar vorgegeben. Buben in Hausarbeiten einzubinden war in diesem Plan nicht vorgesehen, sie durften spielen, während wir arbeiteten.

Im Kinderheim lebte eine sehr alte Frau, die immer in einem dunklen Kellerloch saß und Kartoffeln schälte. Mit ihrem langen, weiten, schwarzen, schmutzigen Rock kauerte sie breitbeinig auf einem Schemel und warf die geschälten Kartoffeln in einen Topf, der ihr fast bis zu den Knien reichte. Stundenlang, Tag für Tag, wahrscheinlich schon viele Jahre lang machte sie immer die gleiche Bewegung. Sie nahm eine Knolle nach der anderen von einem riesigen Berg Kartoffeln, schälte sie und warf sie in den Topf. Ohne die geringste Emotion. Egal ob draußen die Sonne schien und die Blumen blühten oder eine dicke Schneeschicht über dem Klostergarten lag. Die Frau schälte, ohne auch nur einmal aufzuschauen.

Ich hätte die Frau in ihrem Kellerloch gerne gefragt, warum sie nie nach draußen in die Sonne ging, ich hätte gerne gewusst, woher sie kam. Aber ich traute mich nicht. Sie tat mir nur unendlich leid.

Vermutlich war sie eine von Hitlers Schergen verschleppte Zwangsarbeiterin aus dem Osten, die nicht mehr die Kraft hatte, in ihre alte Heimat zurückzukehren. Und so saß sie abgestumpft und einsam in ihrem Kellerloch, fast so, wie ich damals in meiner Kiste.

Nach den Schulaufgaben durften wir Kinder im Garten toben. Der kleine Spielplatz war mit einem Rundlauf, einem Drehkarussell und einer Schaukel ausgestattet. Mitten im Garten gab ein kleines Wasserbecken, das wir Kinder an besonders heißen Tagen als Planschbecken nutzen durften. Für mich waren die kurzen Stunden im Garten die schönste Zeit des Tages, die mir ausgerechnet die so liebevolle Schwester Spinola immer wieder verdarb.

Sie hatte es sich nämlich zur Aufgabe gemacht, dem dürren Kind mittels eines extra Butterbrotes ein wenig Speck auf die Rippen zu bringen. Ich kaute und kaute, schob die Brotkrumen von einer Backe in die andere. Die Stulle wollte einfach nicht kleiner werden. Manchmal brauchte ich fast eine Stunde, bis ich ermuntert durch liebevolle Worte der Schwestern das Brot endlich aufgegessen hatte. Mein sehnsuchtsvoller Blick klebte an der Scheibe und ging raus in den Garten, dorthin, wo alle anderen Kinder toben durften. Aber Schwester Spinola ließ sich nicht erweichen. Erst das Brot, dann der Garten.

Jungfräulichkeit

Die Nonnen ließen uns viele Freiheiten, es gab aber Dinge, die sie an ihre Grenzen brachten. Zu einem dieser Fehltritte kam es wegen meines Schlafwandelns. Diese psychische Besonderheit, nachts in Häusern rumzugeistern, hatte ich in dem alten Schloss ins Bensheim begonnen und hier, trotz der freundlichen Schwestern, keineswegs wieder aufgehört. Schlafgewandelt bin ich noch bis ins fortgeschrittene Erwachsenenalter.

Eines Nachts wandelte ich durch die Flure und legte mich statt in mein eigenes Bett in das eines Mitschülers. Eines Jungen! Der kleine 6-jährige Junge war bei uns Mädchen notuntergebracht, weil nach dem Krieg die Waisenhäuser überfüllt und im Bubensaal alle Betten besetzt waren. Eigentlich wollte er nur kurz zur Toilette gehen, bei seiner Rückkehr aber fand er sein Bett belegt. Da er nicht den Rest der Nacht stehend verbringen wollte, versuchte er mich wachzurütteln. Das bisschen Rütteln weckte mich aber noch lange nicht auf und so holte er sich Hilfe bei einem größeren Mädchen. Diese knipste einfachheitshalber das Licht an, 20 Mädchenhälse reckten sich in die Höhe und der Vorhang zum Kontrollfenster von Schwester Spinola wurde zurückgerissen.

Sodom und Gomorra in ihrem Schlafsaal. Ein Mädchen im Bett eines Buben. Ich wusste gar nicht, wie mir geschah, als mich diese Zetermordio schreiende Nonne zurück in mein Bett eskortierte.

Hätten die Nonnen gewusst, in welche schwierige Situation ich sie noch bringen würde, hätten sie mich wahrscheinlich gleich zurück zu meiner Mutter geschickt. Oder Tag und Nacht bewacht.

In den Sommerferien konnten Kinder, die nicht im Heim untergebracht waren, zur Erholung ins Waisenhaus kommen. Diese Ferienkinder wurden bei uns Dauerkindern mit im Schlafsaal einquartiert. Um die Dauerkinder von den Ferienkindern abzuschirmen, wurde ein großer Paravent aufgestellt. Die Ferienkinder schliefen im lichtdurchfluteten Teil des Schlafsaals, für uns Dauerkinder blieb nur der Platz dahinter. Zusammen mit meiner Freundin Karin tobte ich im Alter von sieben Jahren durch den Saal, irgendwann kam ich auf die tolle Idee, Karin auszutricksen und die Abkürzung über den Paravent zu nehmen.

Ein Bein hatte ich schon drüber, als Schwester Spinola den Saal betrat. Vor Schreck rutschte ich ab und landete auf dem Eisengestell des Bettes, die Streben zwischen den Beinchen. Es knackte, tat höllisch weh, aber das wollte ich Schwester Spinola auf gar keinen Fall beichten. Ich schlich mit schlechtem Gewissen und gesenktem Kopf an ihr vorbei in mein Bett.

Nachts bekam ich Gottes Zorn zu spüren. Zumindest

redete ich mir das ein. Ein schweres Sommergewitter zog auf. Es donnerte und blitzte stundenlang. Die Schwestern wandelten Rosenkranz betend durch die Gänge zwischen unseren Betten, um uns Kinder zu beruhigen.

Himmlische Gewalten und dazu die Schmerzen, das war zu viel für mich. Mein ganzes Laken war mittlerweile blutdurchtränkt, aber ich sagte kein Sterbenswörtchen.

Am nächsten Morgen ließ sich das Unglück nicht mehr verheimlichen. Ich konnte nicht mehr aufstehen, die Nonnen versammelten sich fassungslos um mein Bett. Schließlich wurde ein Arzt gerufen.

Der Schaden, der durch meinen Absturz entstanden war, brachte die Nonnen in äußerste Bedrängnis. Wie sollten sie, die Bräute Gottes, meiner Mutter erklären, dass sich ihr kleines Mädchen nicht nur schwer verletzt, sondern dabei auch noch ihre Jungfräulichkeit verloren hatte. Und das unter ihrer Obhut in einem katholischen Waisenhaus.

Die Nonnen versuchten, meine Schande durch Gebete abzumildern und Mutter nahm mir das Ehrenwort ab, kein Wort über diesen Makel zu verlieren, niemals. Niemand würde mir glauben, kein Mann mich respektieren oder gar heiraten.

Der Arzt verschrieb mir strikte Bettruhe. Tagelang lag ich alleine im großen Schlafsaal hinter diesem verhängnisvollen Paravent. Von draußen hörte ich die anderen Kinder spielen, hier drinnen zogen sich die Minuten wie Kaugummi.

In den vielen Stunden, die ich bewegungslos im Bett liegen musste, kreisten meine Gedanken aber nicht um meine verlorene Jungfräulichkeit, sondern um die Schmerzen, die mir das nächste Wasserlassen bereiten würde.

Alle drei Stunden hoben mich drei Bräute Gottes vorsichtig aus dem Bett und setzten mich Unglückswurm auf einen verbeulten, ausgedienten Marmeladen-Eimer. Ihre drei weißen spitzen Hauben ragten hoch über mir in den Himmel, als sie unermüdlich auf mich einredeten: »Kindchen, du musst doch mal Pippi machen.«

Nachdem ich das Bett endlich wieder verlassen durfte, wollte ich Abbitte für meine Sünde tun. Irgendetwas mit Sünde musste es ja gewesen sein, sonst hätten die Schwestern an meinem Krankenbett nicht so aufgeregt darüber geredet.

Jeden Morgen, wenn die anderen Kinder noch schliefen, schlich ich mich zu den Nonnen in die Kapelle, versteckte mich in einer dunklen Ecke, beobachtete sie heimlich beim Beten und hörte sie Gott lobpreisen.

Nachmittags ging ich mit Erlaubnis der Nonnen in die Kapelle und betete inbrünstig einen ganzen Rosenkranz. »Gegrüßet seist du, Maria, voll der Gnade.« An anderen Tagen rutschte ich, wie ich es bei den Nonnen gesehen hatte, auf Knien den Kreuzgang entlang. Und immer wieder nuschelte ich das Mantra der Schwestern: »Mea culpa, mea culpa, mea maxima culpa«. Durch meine Schuld, durch meine Schuld, durch meine große Schuld.

Damals hatte ich zwar keine Ahnung, was »mea culpa« bedeutete, war mir aber sicher, dass es richtig sein muss, denn sonst würden es die Schwestern ja nicht immer wieder aufsagen. Von den Schwestern hatte ich auch abgeschaut, dass man sich dabei theatralisch auf die Brust schlagen muss, damit das Schuldbekenntnis auch wirklich wirkt.

Die Klosterfrauen im Heim waren glücklich: »Jutta wird Nonne«.

Nach ein paar Wochen hatte ich vom Büßen genug und fuhr mit den anderen Kindern, ausgestattet mit einem Eimerchen, auf der Ladefläche eines offenen LKWs in die Himbeeren. Die Schwestern wussten genau, wo es in den Wäldern im Sauerland die größten Beerenvorkommnisse gab. Die Eimer füllten sich in Windeseile, der Beerenvorrat für die Marmeladenproduktion war schnell aufgefüllt.

Abends, auf der Rückfahrt, stimmten die Nonnen ein Lied von Hoffmann von Fallersleben an und wir sangen begeistert mit:

»Nun scheiden wir mit Sang und Klang, leb wohl, du schöner Wald.«

Der Mond ist aufgegangen singe ich heute noch gerne beim Autofahren, auch am helllichten Tag. Immer, wenn ich die Zeilen:

Der Wald steht schwarz und schweiget
Und aus den Wiesen steiget
Der weiße Nebel wunderbar

von Matthias Claudius höre, überfluten mich die warmen Gefühle aus diesen so glücklichen Kindertagen. Nichts ist kitschig, alles ist einfach nur schön.

Die besinnliche Zeit

Im Kloster lebten wir nach den Jahreszeiten und den kirchlichen Festen. Im Herbst wurden Kastanienmännchen gebastelt, an St. Martin zogen wir mit unseren selbstbeklebten Laternen durch das Kinderheim. Der Heilige Sankt Martin ritt bei uns nicht auf einem Schimmel durch die kalte Winternacht, sondern stand höchstpersönlich an der offenen Küchentür und verteilte Weckmänner. Die kleinen Stuten-Männchen aus Hefeteig sollten ursprünglich aussehen wie St. Martin, unsere sahen lustigerweise aus wie Gartenzwerge ohne Zipfelmütze aber mit Pfeife.

In der Weihnachtszeit liefen die Schwestern vom Orden Vinzenz von Paul zur Hochform auf. Für sie und für uns war das eine ganz besonders heimelige Zeit.

Am 6. Dezember versammelten sich alle Kinder, Jungen

und Mädchen, im großen Saal. Der Nikolaus thronte im vollen Bischofsornat auf einem großen Stuhl, neben ihm der dunkle Knecht Ruprecht, die Rute drohend in der Hand.

Die Nonnen hatten uns schon Wochen darauf vorbereitet, dass alle unsere Missetaten im großen Buch stehen würden und dem Heiligen Nikolaus nichts entgangen sei. Wir zitterten, die großen wie die kleinen Kinder. Als ich an der Reihe war, machte ich artig meinen Knicks, sagte mit leiser Stimme mein Gedicht auf und schaute ängstlich zum Nikolaus, ob ich es gut genug gemacht hatte. Er belohnte mich mit einer väterlichen Streicheleinheit und leitete die letzte Phase seines Besuchs ein. Jedes Kind bekam vom Nikolaus eine süße Kleinigkeit, bevor uns die Nonnen ins Bett schickten.

Jetzt kam die große Stunde des Knecht Ruprecht. Er stürmte in den Schlafsaal, jagte uns mit Gejohle durch die Bettreihen und wedelte wild mit seiner Rute. Wir Kinder türmten kreischend in unseren weißen Nachthemdchen so gut es ging und wollten aus dem Schlafsaal fliehen, was uns aber nicht gelang, denn die Schwestern hatten sich vor den Türen postiert und krümmten sich vor Lachen. Irgendwann hatte Knecht Ruprecht genug und machte sich auf in die dunkle, verschneite Winternacht. Wir Kinder fielen erschöpft und glücklich ins Bett.

Während der Adventszeit stieg die Spannung stetig an. Zuerst wurde der große Saal geschlossen, weil das Christkind mit seinen Engeln dort zu arbeiten hatte. Wir rückten in den kleineren Zimmern eng zusammen und lauschten den Schwestern, die uns die Weihnachtsgeschichte vorlasen. Am warmen Kohleofen sangen und bastelten wir, manchmal stellten die Schwestern sogar ein Tellerchen mit frisch gebackenen Plätzchen auf den Tisch.

Ich hätte so gerne mit den Schwestern und den anderen Kindern Weihnachten gefeiert, aber auch in diesem Jahr wollte meine Mutter das Fest mit ihrem Kind verbringen.

Schwester Spinola schien gespürt zu haben, dass ich viel lieber geblieben wäre und hatte sich eine besondere Überraschung für mich ausgedacht.

Am Nachmittag des Heiligen Abends nahm sie mich bei der Hand, öffnete für mich ganz alleine die Tür zum großen Saal und führte mich in das Weihnachtszimmer. Es war wie im Traum. Ein riesiger Christbaum stand im Zimmer, die Zweige mit Strohsternen, Engelchen und Lametta geschmückt. Unzählige Kerzen tauchten den Raum in ein warmes Licht, es duftete nach Tannen und Lebkuchen. Neben dem Baum stand ein riesiges Puppenhaus mit vielen Zimmerchen und winzig kleinen geschnitzten Möbeln. Die Tische im Saal waren zu einer langen Tafel zusammengeschoben. Jedes Kind hat seinen eigenen Platz mit dem Namensschild und für jedes Kind gab es einen Teller mit Süßigkeiten, Nüssen, Plätzchen und einem kleinen, liebevoll eingepackten Geschenk. Schwester Spinola führte mich zu einem Schildchen auf dem »Jutta« stand. Diesmal hatte mich das Christkind nicht vergessen. Ich fiel ihr um den Hals. Schwester Spinola reichte mir einen kleinen Beutel, in den ich alle meine Schätze einpacken und mit nach Hause nehmen konnte.

Wieder fuhr ich, diesmal alleine aber reich beschenkt, in einer leeren Straßenbahn durch die Weihnachtsnacht, vorbei an hell erleuchteten Häusern.

Dieses Jahr hatte Mutter die Wohnung etwas weihnachtlicher dekoriert. Im Wohnzimmer stand ein kleiner Weihnachtsbaum, am Baum lehnte ein Tütchen mit Glanzbildern, die ich mir so sehr gewünscht hatte, unter dem Baum lagen ein neuer Pullover und Handschuhe.

Wir sangen zu zweit Weihnachtslieder und kuschelten uns aneinander. Ich konnte es nicht mehr erwarten nachzuschauen, was das Christkind bei den Nonnen für mich gebracht hatte. Als Mutter bemerkte, dass ich mich über die Geschenke aus dem Heim auch sehr freute, meinte sie verächtlich, dass die Nonnen diese Geschenke doch nur in Hagens Geschäften für uns erbettelt hätten.

Das kleine Mädchen mit den Schwefelhölzern von Christian Andersen war eines meiner Lieblingsmärchen. Ich stellte mir Schwester Spinola vor, wie sie frierend im Schnee für uns Kinder bettelte. Die Geschenke aus dem Heim wurden dadurch für mich noch wertvoller.

Am ersten Weihnachtsfeiertag kam ein fremder Herr zu Besuch. Ein neuer Onkel. Mutter verbannte mich in die Küche und befahl mir, leise zu sein. Einen Fernseher hatten wir damals noch nicht, das Radio stand im Wohnzimmer, aber das durfte ich nicht betreten. Aus Langeweile schnappte ich mir einen alten Schuhkarton und bastelte mir mit Schere, Uhu und Papier eine winzige Puppenstube. Sie sollte genauso schön werden wie das Puppenhaus im Heim. Ab und zu kam Mutter in die Küche, um für sich und ihren Gast Essen und Getränke zu holen. Sie sah meine Bastelarbeit, zog die Augenbrauen hoch und sagte: »Darüber unterhalten wir uns noch. Solltest du nicht die Dachschräge aufräumen? Wer hat dir erlaubt, den Schuhkarton zu zerschneiden?«

Den Rest des Tages zitterte ich vor der Strafe, die dann auch kam, nachdem der fremde Herr gegangen war. Ich bekam eine Ohrfeige. Es war Weihnachten.

Tante Hildegard

In den Häusern, in denen wir wohnten, gab es immer wieder Frauen, die sich um mich kümmerten. In der Lützowstraße war das Tante Hildegard, mit ihrem Mann Onkel Walter und ihren beiden Söhnen Volker und Wolfgang. Onkel Walter spielte wunderbar Klavier, obwohl er im Krieg zwei Finger verloren hatte. Für mich waren die Rompels eine glückliche Familie, so wie ich sie mir gewünscht hätte.

Bei Tante Hildegard war ich immer willkommen. Tante Hildegard habe ich es auch zu verdanken, dass ich im Warmen bei einem Glas Milch warten durfte, wenn ich am Wochenende vom Schutzengel-Kinderheim nach Hause kam und vom langen Marsch sehr müde war. Mit der Straßenbahn wären es nur 20 Minuten gewesen, die Fahrt aber hätte 15 Pfennige gekostet. Mutter gab mir jede Woche die 15 Pfennige mit ins Heim, damit ich zurückfahren konnte. Ich aber wollte das Geld lieber sparen, um mir heimlich kleine Gummipüppchen davon zu kaufen, auch wenn das bedeutete, dass ich als 7-Jährige eine Stunde durch die immer noch zerbombte Stadt laufen musste. Das Stück kostete genau die 15 Pfennige.

Mutter kam häufig viel später als verabredet. Ohne Tante Hildegard hätte ich wohl viele Stunden auf den kalten Steinstufen im Treppenhaus verbracht. So aber bekam ich nicht nur ein warmes Plätzchen, sondern durfte auch noch mit Volker und Wolfgang und deren Bakelit-Autos spielen.

Dass sie evangelisch waren und dass das ein Problem sein könnte, bekam ich erst später mit.

Von vielen meiner Pflegeeltern sind bei mir nur noch schemenhafte Bilder vorhanden, an andere erinnere ich mich besser. Tante Hildegard ist die Einzige, die bis zu ihrem Tode ein wichtiger Mensch für mich geblieben ist. Als ich ein Kind war, war sie für mich Ersatzmutter. Als junge Frau war sie eine Begleiterin, der ich von meinen Träumen, Wünschen und Nöten erzählen konnte. Während meines Studiums durfte ich bei ihr baden, wurde bekocht und bekam den ein oder anderen Haushaltstipp. Mein Stipendium an der Westfälischen Schauspielschule war nicht besonders hoch. Von den 280 Mark musste ich Miete, Essen und Kleidung bestreiten. Ihre Essenseinladungen und Ratschläge waren deshalb mehr als nur nette Gesten, sie halfen mir zu überleben.

Mutter hätte es sehr gerne gesehen, wenn ich einen der beiden Rompels-Jungen geheiratet hätte. Als ich Tante Hildegard später Willem, meinen 30 Jahre älteren Freund vorstellte, begrüßte sie ihn herzlich in ihrem Haus. So viel Toleranz war in diesen spießigen Zeiten alles andere als selbstverständlich.

Der Leib Christi

Mit acht Jahren war es so weit, ich sollte endlich die erste heilige Kommunion erhalten, was ja nichts anderes bedeutete, als dass ich den Leib Christi essen durfte.

Da Mutter in der Lützowstraße wohnte, fand meine erste heilige Kommunion nicht in der Herz-Jesu-Kirche beim Waisenhaus statt, sondern in der Kirchengemeinde St. Elisabeth. Mein großes Glück war, dass der Kommunionunterricht von dem Pfarrer abgehalten wurde, der auch das Waisenhaus pastoral versorgte. Die ersten Stunden durfte ich deshalb den Unterricht in der gewohnten Umgebung besuchen, für die letzten drei Vorbereitungsstunden, in denen die Choreografie vor Ort eingeübt wurde, musste ich nach St. Elisabeth.

Schüchtern betrat ich die Kirche, ging vorsichtig den Mittelgang entlang und setzte mich mit mulmigem Gefühl zu den fremden Kindern. Ein Tumult brach los. »Die muss raus! Die darf nicht in die Kirche! Die ist evangelisch!« Durch meine Freundschaft mit Volker und Wolfgang war ich von den anderen Kindern in der Lützowstrasse automatisch in die evangelische Ecke gepackt worden. Der wütende Kindermob versuchte mich aus der Kirche zu drängen und beruhigte sich erst, als der Pfarrer kam, dazwischen ging und das Missverständnis auflöste. Damit war zwar geklärt, dass ich ein Anrecht darauf hatte, in dieser Kirche zu sein, gemocht haben mich die anderen Kinder aber trotzdem nicht. Sie beäugten mich misstrauisch und hielten Abstand.

Doch auch diese Misstöne im Kommunionunterricht konnten meine Vorfreude auf den Festtag nicht schmälern. Und dann kam er endlich, der Weiße Sonntag, der erste Sonntag nach Ostern, an dem traditionell die heilige Erstkommunion stattfand.

Völlig entrückt zog ich in meinem weißen Organza-Kleidchen zusammen mit den anderen Kindern durch den Mittelgang in die Kirche ein. Inbrünstig sang ich das Lied: »Fest soll mein Taufbund immer stehen…« Am Altar angekommen, entzündeten wir unsere Kommunionkerzen an der Osterkerze.

Die feierliche Atmosphäre, der Weihrauch, die brennenden Kerzen, die erwartungsvollen Gesichter – ich war tief erfüllt vom Glauben und überzeugt, dass Gott mir ganz nah war.

Dann kam der Moment, der mir wie eine Offenbarung schien. Wir Kinder stellten uns in einer langen Reihe auf. Endlich durfte ich vortreten – den Blick gesenkt, die Zunge rausgestreckt, warte ich auf den Leib Christi. Der Priester legte mir die Hostie auf die Zunge. Mich durchströmte ein Glücksgefühl, das mich zittern ließ. Ich hatte wahrhaftig den lieben Gott im Mund! Er klebte fest an meinem Gaumen. Ich hatte Angst, ihm wehzutun und traute mich nicht zu kauen. Langsam weichte die Hostie auf, ich schluckte und der liebe Gott wanderte direkt in meine Seele.

Nachdem das Wunder vollbracht war, zogen wir aus dem Gotteshaus aus, angetrieben von der Kirchengemeinde und einem »Großer Gott wir loben dich«.

Nach dem Gottesdienst strömten alle anderen Kommunionkinder mit ihren Familien davon, um diesen Tag mit ihren Angehörigen zu feiern und mit einem Festessen zu krönen. Wir gingen auch nach Hause. Für Mutter gab es sogar eine besondere Leckerei. Sie hatte sich Spargel gekocht, der teuer war und den wir uns nur an besonderen Tagen leisten konnten. Wie alle Kinder hasste ich Spargel, was Mutter auch wusste. Also öffnete sie eine Dose Erbsen und machte sie für mich warm.

Mein schönes weißes Kommunionkleid durfte ich ein paar Wochen später noch einmal zur Fronleichnamsprozession tragen. Wie üblich gingen die Kommunionkinder in ihren weißen Kleidchen vor dem Pfarrer mit seiner Monstranz und streuten Blumen.

Nach der Erstkommunion war ich traurig gewesen, dass alle Kinder Fotos von sich bekommen hatten nur ich nicht. Mutter sah schließlich ihr Versäumnis ein und schoss von mir ein Bild im Kommunionkleid, mit Blütenkranz im Haar und Blumenkörbchen in Händen. Ich habe es heute noch.

Vor ein paar Jahren suchte ich St. Elisabeth in Google und fand die Website. Auf der Startseite der Kirchengemeinde öffnete sich ein Pop-up-Fenster. Es erschien der Satz: »Hier ging ich zur ersten heiligen Kommunion". Mir lief es kalt den Rücken herunter. »Gott hat seine Hände im Spiel«, schoss es mir durch den Kopf. Ob es wirklich der liebe Gott war, der den Satz hat aufscheinen lassen oder ein schlichter Google-Algorithmus – sei dahingestellt. Und doch rührt es mich immer noch zu Tränen, wenn ich daran denke.

Vertreibung aus dem Paradies

Die glückliche Zeit bei den Schwestern im Schutzengel-Kinderheim nahm ein abruptes Ende. »Bei den Nonnen ist es zu schmutzig«, so die kurze Begründung meiner Mutter. Sie schickte mich zusammen mit dem Lehrmädchen Hildegard ins Waisenhaus, damit ich meine Sachen holen und mich verabschieden konnte.

Natürlich wollte Schwester Spinola wissen, warum ich nicht dableiben konnte. »Bei euch ist es zu schmutzig, sagt meine Mutti«, antwortete ich wahrheitsgemäß mit tränenerstickter Stimme. Eine derart dreiste Anschuldigung wollte selbst die gutmütige Schwester Spinola nicht auf sich sitzen lassen. Sie stellte Mutter zur Rede, die Konsequenzen musste ich ertragen. Zu Hause bekam meine Mutter wieder einmal einen Tobsuchtsanfall, bei dem sie wie so oft völlig die Kontrolle über sich verlor. Danach konnte ich tagelang nicht mehr auf die Straße gehen.

Untergebracht werden musste ich aber weiterhin. Die Eltern des Lehrmädchens Hildegard übernahmen die Tagesbetreuung. Die Nächte verbrachte ich in der Lützowstraße bei Mutter.

In dieser Zeit lernte ich auch die Härte des Geschäftslebens kennen. Bei meiner neuen Pflegefamilie war ich tagsüber liebevoll versorgt, hatte mir aber verbotenerweise eine kleine Nebeneinkunft aufgetan. Für einen Lebensmittelkrämer trug ich heimlich Werbezettel aus. Die Briefkästen waren damals noch an den Wohnungstüren angebracht, sodass ich unzählige Treppen nach oben und wieder nach unten gestiegen bin.

Mein Lohn sollten 50 Pfennige sein, was einen Gegenwert von mehr als drei Gummipüppchen entsprach und meinem Ensemble einen echten Schub gegeben hätte. Nach getaner Arbeit aber wollte er von unserer Vereinbarung nichts mehr wissen und speiste mich mit einer Tüte Bruchbonbons ab. Diese Ungerechtigkeit war mir eine Lehre für's Leben. Erzählen konnte ich es niemandem.

Das Kaufhof-Kind

Mutter war Einkäuferin für Damenoberbekleidung und Kinderkleidung im Kaufhof. Als Vorgesetzte war sie untragbar und löste bei ihren Verkäuferinnen immer wieder Weinkrämpfe aus.

Als Einkäuferin war sie sehr erfolgreich und hatte das, was man damals eine gehobene Stellung nannte. Als Tochter der Einkäuferin hatte ich ein paar Privilegien, die sich die Kinder einer normalen Verkäuferin nicht hätten herausnehmen dürfen.

So ein Privileg waren meine Samstage im Kaufhaus. Nach der Schule vertrieb ich mir meine Zeit in den verschiedensten Abteilungen, baute mir ein kleines Versteck hinter dem Verkaufstresen der Bücherabteilung und schmökerte stundenlang in Kinderbüchern. Mit meinen roten Haaren erkannten mich alle Angestellten der kleinen Hagener Filiale sofort und verwöhnten mich nach Strich und Faden mit Süßigkeiten. Ich war das Kind vom Kaufhof.

Der Geschäftsführer der Filiale war so, wie man sich Geschäftsführer von Warenhäusern in den 50er-Jahren vorstellte. Er war ein stattlicher Mann mit einem dicken Bauch und einer Zigarre zwischen den Fingern. Am Zeugnistag bat er alle Einkäufer in sein verräuchertes Büro, rief mich zu sich, nahm mein Zeugnis und las es Zeile für Zeile laut vor den Anwesenden vor. Ich stand mit hochrotem Kopf neben ihm, und obwohl ich wusste, dass ich gute Noten hatte, waren diese Minuten eine Qual. Nach der letzten Zeile »Betragen: sehr gut«, klatschten alle, ich bekam wohlwollend eine große Tafel Schokolade vom Geschäftsführer überreicht und durfte dann endlich aus seinem Büro huschen.

Der absolute Höhepunkt im Kaufhaus-Jahr waren die beiden Modeschauen. Im Kaufhof-Restaurant, das damals noch

Erfrischungsraum hieß, wurden die aktuellen Kollektionen für Damen, Herren und Kinder präsentiert, und zwar von richtigen Models, die damals noch nicht Model, sondern Mannequin hießen.

Wochenlang lag ich meiner Mutter in den Ohren, weil ich unbedingt auch mit den allerschönsten Kleidern über den Laufsteg schweben wollte. Ich wollte das Kindermannequin in »meinem« Kaufhaus werden.

Ein einziges Mal ging dieser Traum tatsächlich in Erfüllung. Mit fast neun Jahren war ich schon fast ein wenig groß für die Kindermoden, dennoch zwängte ich mich in die kleinen Kleidchen. Zusammen mit dem Kind eines anderen Einkäufers durfte ich zwei Sonntagskleidchen und ein Lodenmäntelchen präsentieren.

Ich genoss meinen Auftritt in vollen Zügen. Wann immer ich eine Kamera sah, versuchte ich Kontakt zum Fotografen, oder vielmehr zu seiner Kamera aufzunehmen.

Der Conférencier bemerkte mein Flirten mit der Kamera und machte sich einen Spaß daraus, meine Leidenschaft zu kommentieren, was zu großer Erheiterung im Publikum führte. Vielleicht wurde damals der Grundstein für meinen späteren Beruf gelegt. Wer weiß.

Mutter gönnte mir zwar den Auftritt im Kaufhaus, Werbung für andere zu machen, kam hingegen nicht infrage.

Eine Bäckerei hatte im Waisenhaus angefragt, ob wir Mädchen in der Vorweihnachtszeit nicht als Engelchen in seinem Schaufenster Plätzchen backen könnten. Die Nonnen hatten keine Einwände. So bekamen sie hinreißende weiße Hemdchen, Flügelchen und einen kleinen Heiligenschein. Nur ich nicht. Ich heulte und tobte, denn ich wollte unbedingt ein Engelchen in der Weihnachtsbäckerei werden, aber Mutter ließ sich nicht umstimmen.

Suizidversuch

Was dann geschah, sollte keine Kinderseele je erleben müssen.

Ich hatte wie immer den Tag bei meinen Pflegeeltern verbracht und kam abends nach Hause. Ich klingelte und wartete. Nichts geschah. Ich wusste, dass Mutter da sein musste, aber sie öffnete einfach nicht. Ich klingelte wieder und wartete. Nichts. Nachdem ich meinen Daumen einfach nicht mehr von der Glocke nahm, hörte ich ein Schlürfen in der Wohnung. Mutter öffnete die Tür, nur mit einem Nachthemd bekleidet und ging leicht schwankend zurück ins Schlafzimmer. Sie legte sich ins Bett und gab mir die Anweisung, mich still neben sie zu legen und keinen Mucks von mir zu geben. Zwei Tage und drei Nächte, endlose Stunden, lag ich so neben meiner Mutter im verdunkelten Zimmer. Sie schlief, wimmerte, weinte und schrie. Alle paar Stunden wurde sie so weit wach, dass sie die Hand nach den Tabletten auf dem Nachttisch ausstrecken konnte. Es waren viele Tabletten. Wenn ich mich heimlich in die Küche schlich, um etwas zu trinken, murmelte sie, dass ich mich wieder hinlegen soll. Nach zwei Tagen hatte ich so großen Hunger, dass ich mir in der Küche ein Butterbrot schmierte. Ich schnitt das Brot in kleine Würfelchen und wollte auch sie damit füttern. Essen wollte sie nicht, bemerkte aber, halb im Koma, dass ihre Tablettenvorräte zur Neige gingen. So befahl sie mir, in die Stadt zu ihrem Arzt zu fahren und ein Rezept für neue Tabletten zu holen. Den Weg kannte ich, also lief ich los.

Aufgeregt erzählte ich dem Arzt von dem Zustand meiner Mutter und der Not, in der ich mich befand. Der Arzt zückte seinen Rezeptblock und verschrieb meiner Mutter ohne Weiteres ein hochdosiertes Barbiturat Mit dem Rezept lief ich in die Apotheke und bekam ungefragt das Medikament ausgehändigt. Ich war 10 Jahre alt.

Wieder zu Hause nahm Mutter sofort eine Tablette und befahl mir, mich wieder still neben sie zu legen.

In der dritten Nacht versuchte sie schwankend aufzustehen. Ich rannte ums Bett um sie zu stützen. Sie entglitt mir und knallte mit dem Kopf gegen den Heizungskörper. Blut lief ihr an den Schläfen herunter.

Im selben Moment sah ich, dass auch das ganze Bett voller Blut war. In Panik lief ich barfuss und im Nachthemd nachts um zwei zu Tante Hildegard, die zwei Stockwerke tiefer wohnte, und klingelte Sturm. Völlig aufgelöst schrie ich: »Meine Mutti stirbt, meine Mutti stirbt! Alles ist voller Blut!«

Tante Hildegard rannte mit hoch. Als erfahrene MTA erkannte sie sofort den Suizidversuch und beruhigte erst einmal das aufgeregte Kind an ihrer Seite: »Das Blut ist nicht schlimm, das haben Frauen alle vier Wochen. Pass' noch ein bisschen auf Mutti auf, ich geh runter und rufe einen Arzt.«

Unter den Augen der neugierigen Nachbarn wurde meine schreiende und um sich schlagende Mutter mit dem Krankenwagen weggebracht.

Die nächsten Wochen verbrachte ich bei Tante Hildegard, die alles dafür tat, um meine verstörte Kinderseele ein wenig zu heilen. Dann zogen wir nach Stuttgart.

Auf diesen ersten Suizidversuch folgten noch einige weitere. Diesmal war der Auslöser die fristlose Kündigung im Kaufhof. Gekündigt wurde ihr wegen einer angeblichen Falschbuchung, die im Fachjargon B-Listenverjüngung genannt wurde und in der Branche üblich war. Der eigentliche Grund war aber wahrscheinlich ihre unkontrollierte Herrschsucht und ihre nicht vorhandene Teamfähigkeit. Selbst der Spitzenumsatz, den sie für das Unternehmen erwirtschaftete, konnte ihren schwierigen Charakter nicht aufwiegen.

Zurück im Schwabenland

So herrisch Mutter sein konnte, so umwerfend charmant und überzeugend konnte sie auch sein. Und so ist es nicht verwunderlich, dass sie in Stuttgart schnell wieder eine gute Anstellung als Einkäuferin fand, diesmal im Union, einem Warenhaus des Hertie-Konzerns.

Wir wohnten in einem möblierten Zimmer in einem Haus am Kräherwald. Der Januar war extrem kalt, das Zimmer ungeheizt.

Eigentlich hätte ich in die vierte Klasse gehen sollen, stattdessen aber verbrachte ich die Tage bei einer Bekannten meiner Mutter. Mutter hatte vergessen, mich in der Schule anzumelden und so saß ich die ersten drei Monate am Küchentisch anstatt die Schulbank zu drücken. Nachdem ich wieder zur Schule gehen durfte und sich sogar eine Nachmittagsbetreuung für mich gefunden hatte, zogen wir wieder um.

Heimkehr meiner Schwester Gisela

Damals galt bei Scheidungen noch das Schuldprinzip, und so wurden beide Elternteile schuldig geschieden. Mein Vater wegen Vernachlässigung der Unterhaltspflicht, sie wegen Verweigerung der ehelichen Pflichten.

Die logische Schlussfolgerung war, dass bei der Scheidung alles geteilt wurde, auch die Kinder.

Das Verhältnis zwischen meinem Vater und meiner Mutter war, freundlich ausgedrückt, angespannt, sodass ich nicht nur meinen Vater, sondern auch meine Schwester vier oder fünf Jahre lang nicht sehen durfte.

Dann stand sie vor der Tür. Als pubertierendes Mädchen hielt sie es bei unserem Vater und seiner neuen Frau nicht mehr aus und hoffte, dass es bei unserer Mutter besser sein würde.

Zu dritt in einem Zimmer – das wäre kaum mehr gegangen, deshalb suchte unsere Mutter eine andere Bleibe und fand zwei Zimmer in einer großen Altbauwohnung in der Johannisstraße.

Mit der erfolgreichen Wohnungssuche sah Mutter ihren Part als erledigt an. Sie überließ mir den Umzug in die neue Wohnstätte und blieb bis zum Abend in der Firma. Meine Schwester hatte inzwischen einen Ausbildungsplatz in einer Zahnarztpraxis gefunden und konnte in ihren ersten Ausbildungswochen auch nicht beim Umzug helfen. So packte ich alle unsere Habseligkeiten in Koffer, trug sie die Treppen runter und verstaute sie in einem kleinen Transporter. Möbel hatten wir nach Stuttgart gar nicht mitgenommen, sie waren immer noch in Hagen eingelagert. Zusammen mit einem Fahrer aus Mutters Firma brachte ich die Sachen in das neue, möblierte Zuhause und wartete in der fremden Wohnung auf Mutter und Gisela.

Lange blieben wir auch in dieser Wohnung nicht. Diesmal war nicht meine Mutter schuld, sondern wir Kinder. Auch in unserem neuen Domizil hatten wir keine eigene Küche, sondern mussten Herd und Bad unserer Vermieterin mitbenutzen. Ich weiß zwar nicht mehr, wie die Frau hieß, kann mich aber noch gut daran erinnern, dass sie uns Kinder nicht ausstehen konnte. Wir waren ihr zu laut und zu lebhaft. Mir war das ganz recht, weil ich in der Johannisstraße das Bett wieder mit Mutter teilen musste, die mich die ganze Nacht ermahnte, ruhig zu liegen. Gisela, die Ältere, durfte auf dem Sofa im Wohnzimmer schlafen.

Die Bildungslücke

Ich kann es kaum mehr zählen, wie viele Schulen, Lehrer und Mitschüler ich in den ersten vier Grundschuljahren hatte. Noch weniger kann ich es ermessen, was mir durch meine vielen Schulwechsel an Grundkenntnissen vorenthalten blieb.

Mutter focht das nicht an, sie war überzeugt davon, dass die Mittelschule genau das Richtige für mich sei und meldete mich zur Aufnahmeprüfung an der Schloss-Schule an. Die Prüfung schaffte ich wie durch ein Wunder. Die großen Lücken, die sich in meiner kurzen Schullaufbahn schon angesammelt hatten, traten aber schon in den ersten Schulwochen zutage, und das in fast allen Fächern. Die anderen Kinder wussten schon so viel mehr und mir schien es völlig aussichtslos, diese für mich unüberwindliche Kluft noch einmal zu überbrücken. Was die Lehrer an der Tafel vorrechneten, interessierte mich nicht mehr. Vor lauter Angst wollte ich nur noch weg. Anstatt nach der Schule Hausaufgaben zu machen, trieb ich mich in der Stuttgarter Innenstadt herum, was Mutter nicht auffiel. Die Probezeit schaffte ich natürlich nicht und flog hochkant von der Schule.

Obwohl unsere vielen Umzüge und unser unstetes Leben vermutlich der Hauptgrund für mein Schulversagen waren, fühlte sie sich von mir blamiert. »Du landest sowieso in der Gosse!«, schrie sie. Wie so oft rastete sie auch diesmal aus und war nicht mehr Herrin ihrer Sinne. Die nächsten Tage durfte ich das Haus wieder einmal nicht mehr verlassen, damit die Nachbarn meine vielen Blessuren nicht zu Gesicht bekamen.

Von der Johannisstraße zogen wir in die Hasenbergsteige. Das Prozedere hatte sich schon bewährt: sie suchte die Wohnung, ich machte den Umzug.

Unter Fremden daheim

Die Hasenbergsteige war ein vornehmes Viertel in Stuttgart. Hoch über der Stadt und damit auch nicht im stickigen Kessel, stand eine stilvolle Villa neben der anderen.

Vor dem Krieg lebten am Hasenberg Verleger, Architekten, Kommerzienräte und Fabrikanten. Durch ein Enteignungsverfahren kam ein Richter in den Besitz eines dieser Kleinode. Der einzige kleine Wermutstropfen für ihn war, dass er Wohnraum zur Verfügung stellen, also einige Zimmer vermieten musste.

Unser Glück, denn so konnten wir in diese alte, von wildem Wein umrankte Jugendstilvilla einziehen. Mutter nannte das Haus eine vornehme alte Dame.

Im Haus hatten wir zwei Räume mit hohen Decken für uns: einen herrschaftlichen Saal mit einem kleinen Erker, in dem nichts als ein runder Tisch und drei Stühle standen und ein winziges Schlafzimmer. Gisela schlief in einem provisorischen Bett im großen Saal, ich teilte wieder einmal ein Bett mit Mutter.

Dem Erker gegenüber war eine Schrankwand aus edelstem Mahagoni. Die Glastüren waren sogar mit Gardinen aus lindgrüner Seide bespannt. Der Schrank war aber kein gewöhnlicher Schrank. In ihm verbarg sich eine zweite Tür zu einem dahinterliegenden Schrank. Dieser Geheimschrank war ganz mit Metall verkleidet und sicherlich dafür vorgesehen, edelste Pelze und Abendgarderoben zu schützen. Mangels vornehmer, schützenswerter Kleidung widmeten wir, die beiden Kinder des Richters und ich, den Geheimschrank kurzerhand in ein Geheimversteck um. Wie es sich für ein herrschaftliches Haus in bester Lage gehört, gab es einen großen, verwilderten Garten. Wenn man das Haus durch das Vestibül betrag, zog ein Buntglasfenster, das sich über zwei Etagen erstreckte und an ein Kirchenfenster erinnerte, alle Blick auf sich.

Vor der Villa befand sich eine große Terrasse. Von hier aus konnten wir täglich mitverfolgen, wie auf dem gegenüberliegenden Berg, dem Hohen Bopser, der erste Fernsehturm der Welt, das neue Wahrzeichen Stuttgarts, auf 217 Meter in den Himmel wuchs. Der Bopser-Fernsehturm bewährte sich so gut, dass angeblich weltweit alle Fernsehtürme nach diesem Prototypen errichtet wurden.

Die Küche und das Bad teilten wir mit vielen anderen Bewohnern. Wollte man etwas kochen, musste man den Gaszähler mit 10-Pfennigstücken füttern und hoffen, dass die Einlage für die Kartoffeln reichte. Glück hatte man, wenn die vorherigen Köche großzügig eingeworfen hatten und noch ein paar Restminuten auf der Uhr standen.

Das Haus war das, was man heutzutage Multikulti nennen würde. Schwarze und weiße Amerikaner wohnten hier zusammen mit Italienern und Deutschen. Im Haus herrschte nicht nur ein babylonisches Sprachgewirr, es vermischten sich auch Essensdüfte aus vielen Herrenländern. Mais, Paprika und Knoblauch! Pasta, Pizza und T-Bone-Steak.

Die italienische Mama, die zusammen mit ihrer Familie hier untergebracht war, kochte ausnehmend gut und lud mich immer wieder zu sich zum Essen ein. Annehmen durfte ich aber nicht. Meine Mutter verachtete diese Gastarbeiter und verbot mir, mit den fremden Kindern zu spielen. Davon abgehalten, es trotzdem heimlich zu tun, hat mich das aber nicht.

Mein Lieblingsort im Garten war der verfallene Holzschuppen, in dem allerlei Gartengerätschaften und alte Möbel lagerten. In einer Ecke des Schuppens fanden wir eine Hundehütte. Der frühere Besitzer des Hauses hatte die Hundehütte wahrscheinlich während des Krieges mit ein paar Querstangen in einen Hühnerstall umgebaut. Die Stangen waren über und über mit altem, getrocknetem Hühnerdreck verklebt, was uns Kinder nicht weiter störte. In stundenlanger Kleinarbeit kratzten wir den Hühnerdreck von den Stangen, legten alte Teppichreste auf den Boden und sorgten mit einer Kerze und Streichhölzern für eine wohlige Atmosphäre in unserer kleinen Kindervilla. Im Nachhinein betrachtet hatten wir wohl eine ganze Schutzengelflotte, die unsere Spielideen nicht in einer Katastrophe enden ließen. Hätte es wirklich gebrannt, hätten wir Kinder es vermutlich nicht mehr geschafft, uns durch die Stangen zu winden und rechtzeitig ins Freie zu gelangen.

Unsere wunderbare Zweizimmerwohnung konnten wir uns nicht lange leisten. Zuerst zogen wir in ein kleineres Zimmer im selben Haus, dann zogen wir ganz aus.

Besatzungszone

Mit finanzieller Unterstützung von Mutters Arbeitgeber konnten wir vorübergehend in ein kleines Hotel gegenüber des amerikanischen Militärgefängnisses ziehen. Stuttgart lag nach Ende des Krieges in der amerikanischen Besatzungszone, und auch nachdem 1949 die Bundesrepublik Deutschland gegründet war und die Besatzung damit offiziell beendet wurde, galt weiterhin das Besatzungsstatut der Alliierten. Viele Militärangehörige blieben in der Region, um die alliierten Vorbehaltsrechte im Zweifelsfall geltend machen zu können. So recht glaubten die ehemaligen Besatzer noch nicht an den entnazifizierten Frieden.

Als Kind wusste ich von diesen politischen Feinheiten nichts, für mich waren die GIs Freunde, die teilweise eine andere Hautfarbe hatten und englisch sprachen. Es interessierte mich auch nicht, was sich die Soldaten hatten zuschulden kommen lassen, die in diesem Militärgefängnis einsaßen. Diejenigen von ihnen, die sich gut führten, durften in den offenen Hof zum Baseballspielen. Auch wir Kinder durften auf dem Hof toben und mit den riesigen Lederhandschuhen Bälle fangen. Und so kam es, dass sich nach und nach kleine Freundschaften zwischen den großen Fremden und den deutschen Kindern entwickelten. Ihre Schokoladenrationen, die sie uns schenkten, taten das Ihrige.

Eines Tages waren die anderen Kinder nicht mit auf dem Hof und so spielte ich alleine mit diesem netten, großen, weißen Amerikaner Ball. Irgendwann führte er mich sehr freundlich in eine schlecht einsehbare Ecke des Hofes, hielt mich fest, zog mir mein Höschen runter und versuchte, mich zu berühren.

Ich wusste, dass das kein Spiel mehr war. Ich wehrte mich so gut ich konnte, riss mich los und rannte weg.

Anstatt wütend zu sein, schämte ich mich entsetzlich und fühlte mich mitschuldig. Von diesem Tag an begegneten wir uns nicht mehr. Wann immer er mich von Weitem sah, ergriff er die Flucht. Es hätte für ihn sicher eine drakonische Strafe zur Folge gehabt, wenn sein Übergriff bekannt geworden wäre. Darüber hätte er sich aber keine Sorgen machen müssen, denn die Angst vor meiner Mutter war größer, als der Schreck durch diesen Missbrauchsversuch. Das fehlende Höschen ist ihr glücklicherweise nicht aufgefallen.

Neuanfang?

Die Zeit der möblierten Zimmer nahm endlich ein Ende. Wir zogen in die Bismarckstraße, in eine richtige Wohnung mit eigener Küche und Bad. Unsere eingelagerten Möbel holten wir mit einem kleinen Transporter aus Hagen.

Meine Schlafsituation wurde dadurch allerdings nicht viel besser. Gisela durfte wieder im Wohnzimmer auf dem Sofa schlafen, ich musste auch diesmal wieder das Zimmer mit Mutter teilen.

Mit der neuen Wohnung kam natürlich auch wieder eine neue Schule. Inzwischen hatte ich gelernt, mich selbst anzumelden und nicht darauf zu vertrauen, dass es Mutter tat.

Ich ging zur Schule, lernte im Sachkundeunterricht, dass geschälte Kartoffeln auf der Fensterbank schneller austrocknen als ungeschälte und bemühte mich ansonsten nicht weiter, mit den anderen Kindern Schritt zu halten. Nachmittags trieb ich mich in der Innenstadt herum und ging abends zum Personalausgang von Hertie, um Mutter abzuholen. Sie freute sich über meine Begleitung und kam gar nicht auf die Idee, nach meinen Erlebnissen in der Schule zu fragen oder gar die Hausaufgaben zu kontrollieren.

Der Winter 1955 war ein eiskalter Winter. Auf den Straßen türmte sich meterhoch der Schnee, das Thermometer sank immer tiefer.

Im Kaufhaus standen die Kunden an den Kassen Schlange, um gekaufte Weihnachtsgeschenke zu bezahlen. Das Geschäft bei Hertie brummte und dennoch bekam Mutter schon wieder ihre Kündigung. Über die Gründe wurde schon lange nicht mehr geredet, vermutlich hatte sie sich wieder einmal von ihrem Chef nichts sagen lassen oder ihre Untergebenen schikaniert.

Im Krieg hatten die Frauen das Land am Laufen gehalten. Sie hatten sich nicht nur um Haushalt und Familie, sondern auch um die Finanzen gekümmert. Nach dem Krieg forderten die Männer ihre Macht zurück, ohne auch nur einen Moment darüber nachzudenken, dass die Frauen überhaupt keinen Grund hatten, sich wieder unterzuordnen oder ihre eigenen Bedürfnisse zurückzustellen. Meine Mutter war sicherlich keine einfache Frau, manchmal hat sie aber vermutlich nur das verteidigt, was sie sich während des Krieges mühsam erarbeitet hatte.

Als Familie waren wir durch die Kündigung in existenzieller Not. Jede andere Mutter hätte wahrscheinlich in dieser schwierigen Situation den Pfennig zweimal umgedreht, unsere Mutter fuhr mit uns Kindern ins Stuttgarter Tierheim und adoptierte einen Hund, obwohl wir alle keine Ahnung hatten, wie unsere Zukunft aussehen würde. Das Tierheim kannte ich gut, hatte ich doch hin und wieder eine dieser armen Kreaturen ausführen dürfen. Jetzt sollte ich selbst einen Hund bekommen, jemanden, der immer an meiner Seite war. Ich war begeistert.

Wir gingen durch die langen Gassen, in jedem Zwinger lag so eine bedauernswerte Kreatur, die uns mit herzerweichendem Hundeblick ansah.

Ich hätte am liebsten alle mitgenommen. Eine besonders apathische Dogge hatte es Mutter angetan. Bulli, so hieß der Hund, lag auf dem kalten grauen Steinboden, kaum mehr fähig den Kopf zu heben. »Diesem armen Hund machen wir noch ein paar schöne Tage«, sagte Mutter, nahm den Hund an die Leine, bezahlte und machte sich mit Bulli und uns auf den Heimweg. Bulli schien wie von den Toten auferstanden. Fast so groß wie Mutter, zog er die nur 1 Meter 58 kleine Frau ohne Anstrengung an der Leine hinter sich her. »Bulli sitz!« Bulli saß sofort und gab auch brav Pfote, um gut Wetter zu machen. Keine zwei Schritte später wieder das gleiche Spiel. Bulli zog, Mutter keuchte hinterher. Unter Tränen brachten wir Bulli zurück ins Heim.

Unser Versuch mit Bulli war zwar gescheitert, aufgeben wollten wir deshalb noch lange nicht. Auf Platz zwei unserer Wunschliste stand Lumpi, ein junger Zwergschnauzer. Lumpi war leider nur ein sehr kurzes Leben beschieden. Durch Staupe und Lungenentzündung geschwächt, verstarb Lumpi nach nur 14 Tagen bei uns. Es war der Heilige Abend.

Wohin an Weihnachten mit einem toten Hund? Die eisigen Temperaturen brachten Mutter auf die Idee, Lumpi in einen Karton zu legen und auf dem Balkon zu verwahren. Als letzten Gruß legte ich Lumpis Lieblingsspielzeug in seinen improvisierten Sarg. Erst Silvester gingen Mutter und Gisela mit dem Karton unter dem Arm in den Kräherwald, um den tiefgefrorenen Lumpi zu entsorgen. Mich wollten sie nicht dabeihaben, vielleicht auch deshalb, weil sie mir so die Geschichte vom Hundehimmel erzählen konnten, in den Lumpi aufgefahren sei.

Ab in den Norden

Im Süden Deutschlands eilte meiner Mutter in der Branche schon ein gewisser Ruf voraus, bis nach Hamburg schien sich ihre schwierige Art noch nicht herumgesprochen zu haben. Sie bekam nach nur drei Monaten eine neue Stelle als Abteilungsleiterin und Einkäuferin in der Damenoberbekleidung bei Peek & Cloppenburg in Hamburg.

Mit dem Zug siedelten wir zu Dritt nach Norddeutschland um. Meine Schwester Gisela ahnte schon, dass es auch in Hamburg mit unserer Mutter nicht besser werden würde und zog erst gar nicht in unsere neue Wohnung mit ein. Sie sattelte von Zahnarzthelferin auf Krankenschwesternschülerin um und konnte deshalb ins Schwesternwohnheim ziehen. Ich beneidete sie.

Mit meinen elf Jahren konnte ich mich nicht wie Gisela einfach so davonstehlen, sondern musste die unberechenbaren Stimmungsschwankungen von Mutter weiter ertragen.

Ein Hoffnungsschimmer tat sich auf, als ihr Chef und Mitbegründer von P&C, Herr Schröder, von meiner schwierigen Beschulungslage und meinem Asthma erfuhr. Er empfahl ihr das renommierte Nordseeinternat St. Peter-Ording und überzeugte sie davon, dass mir das Reizklima an der Nordsee guttun würde.

Die Aufnahmeprüfung für das angeschlossene Gymnasium bestand ich überraschenderweise auf Anhieb, ins Internat konnte ich trotzdem nicht einziehen, weil im Mädchenhaus noch kein Platz frei war. Das Problem ließ sich lösen – Dr. Sax, mein Englischlehrer, erklärte sich bereit, mir gegen eine Aufwandsentschädigung Unterschlupf zu gewähren. Nach drei Monaten erkrankte seine Frau schwer und musste ins Krankenhaus. Inzwischen hatte ich meine neuen Mitschülerinnen kennengelernt und mich mit Veronika, die im Ort wohnte, sogar ein bisschen angefreundet. Die Familie erklärte sich bereit, mich gegen ein Kostgeld aufzunehmen.

Das Bauernhaus lag direkt hinter dem Deich. Der Vater war Bahnbeamter, die Mutter bewirtschaftete den kleinen Bauernhof, pflanzte Gemüse an und versorgte ein Schwein, eine Kuh, Hühner und eine ganze Handvoll kleiner Kätzchen. Für mich war das Leben auf dem Bauernhof paradiesisch, hatte aber auch seine rustikalen Seiten.

Vor der Schule hatten wir die Sau Erna noch gestreichelt, nachmittags hing Erna zum Ausbluten an einer großen Leiter, darunter eine Emaillewanne, um Ernas Blut aufzufangen.

Zum Mittagessen gab es am Schlachttag Schwarz-Saures, das aus gekochtem, geronnenem Blut bestand. Die Erwachsenen türmten sich üppige Portionen auf, wir Kinder ekelten uns. Veronikas Mutter hatte schließlich Mitleid und kochte uns eine große Schüssel Vanillepudding.

Zwei Tage lang drehte sich alles um Erna. Meterlange Würste wurden geformt, der Schinken zum Räuchern aufgehängt und das Fleisch gekocht. Erna wurde mit Haut und Haaren verarbeitet, kein Futzelchen wurde weggeworfen. Für mich war der Schlachttag und das tragische Ende Ernas ganz furchtbar, das ganze Haus roch tagelang nach der toten Erna.

Veronikas Mutter war eine üppige und sehr fürsorgliche Frau. Sie hatte es sich zur Aufgabe gemacht, aus dem blassen, dürren Ding, ein rundes, rosiges Geschöpf, wie Veronika eines war, zu machen. Ihre Wunderwaffe hieß Pausenstulle mit fetter Wurst. Ich hasste Pausenbrote, wollte aber auch nicht undankbar sein. Und so packte ich jeden

Morgen das Wurstbrot in meine Schultasche, bedankte mich artig, rührte es aber nicht an. Dummerweise war ich nicht clever genug, es heimlich zu entsorgen.

Eines schönen Tages machte unser Klassenlehrer Schultaschenkontrolle. Er öffnete meinen Ranzen und rümpfte die Nase. Mit theatralischer Geste und spitzen Fingern holte er Pergamenttüte um Pergamenttüte aus meiner Tasche und schichtete auf meiner Schulbank einen imposanten Brotberg auf. Tief beschämt und mit hochrotem Kopf verfolgte ich das Schauspiel, die Klasse feuerte den Lehrer johlend an.

So eine Unverfrorenheit blieb natürlich auch meinen Pflegeeltern nicht verborgen. Veronika petzte. Die Eltern waren empört und beendeten die Pflegschaft umgehend.

Die rote Zora

Auf die Schnelle eine Familie in der Nähe der Schule zu finden, erwies sich als schwierig, zumal mir inzwischen ein gewisser Ruf vorauseilte. Um die Zeit zu überbrücken, wurde ich ins Kinderheim Haus Elwenspök nach St. Peter-Dorf gebracht. Das Heim lag in bester Lage, direkt neben den Dünen, allerdings ziemlich weit entfernt vom Gymnasium. Öffentliche Verkehrsmittel gab es damals nicht. Um mir einen stundenlangen Fußmarsch zu ersparen behauptete ich vollmundig, Fahrradfahren zu können und bekam vom Kinderheim ein Leihrad für den weiten Schulweg gestellt. Anzugeben wie eine Tüte Mücken ersetzt allerdings noch lange nicht Übung und so kam ich bei meinem ersten Versuch erst zur zweiten Unterrichtsstunde im Nordsee-Gymnasium an. Die Strafarbeiten waren ärgerlich, Fahrradfahren aber hatte ich auf dieser Langdistanz gelernt.

Freunde dort zu finden, war für mich als geübtes Heimkind nicht schwer. So dauerte es nicht lange, bis ich auch in St. Peter-Dorf Gleichgesinnte gefunden hatte. Wir drei Mädchen und zwei Jungen gründeten eine Bande. Ich war »Die rote Zora«. Nachmittags streiften wir durch die Dünen, was damals noch nicht verboten war. Unter Naturschutz gestellt wurden sie erst Jahre später. Wie im Roman von Kurt Held buddelten wir uns unter den Krüppelkiefern eine Kuhle, in der wir uns dicht aneinandergedrängt abenteuerliche Geschichten erzählten. Für uns war die Höhle nichts anderes als die Burgruine für Zora und ihre Freunde. Wir waren alle um die elf Jahre, vorpubertär und unschuldig im Miteinander. Noch ahnten wir nicht, dass Erwachsene unser Zusammensein anders deuten könnten.

Die vielen Stunden bei Wind und Wetter in den Dünen gingen nicht spurlos an mir vorüber. Eines Tages wachte ich mit Halsweh, Schnupfen und Husten auf. Ich hatte eine schwere Erkältung, die durch mein Asthma noch schlimmer wurde und mich ans Bett fesselte.

Wie es sich für echte Bandenmitglieder gehört, ließen mich meine Freunde nicht im Stich, sondern schlichen heimlich in meine Dachkammer.

Wir flüsterten, kicherten, alle saßen eng beieinander im Schneidersitz auf meinem Bett.

Trotz unserer Vorsichtsmaßnahmen schien die Heimleiterin Wind von unserem konspirativen Treffen bekommen zu haben und erwischte uns in flagranti. Außer unseren Albernheiten gab es zwar nichts, wobei man uns auf frischer Tat hätte ertappen können, aber das sah die vertrocknete Leiterin ganz anders. Sie unterstellte uns eine unzüchtige Bettsituation. Natürlich stand für diese »Gouvernante« auch sofort fest, wer hinter diesem Vergehen stand. Die Rothaarige musste es gewesen sein, die die anderen Kinder in ihr Bett gelockt hatte.

Schon beinahe überflüssig zu erwähnen, dass das das Ende der roten Zora, ihrer Bande und meiner Zeit in diesem Heim war. Durch diesen Rauswurf war mein Weg für's Internat frei.

Ferienzeit

In den Schulferien fuhr ich nach Hamburg zu Mutter. Sie hatte eine ganz eigene Interpretation des Begriffs Ferien, die ihrer Meinung nach dazu da waren, ihr zu Diensten zu sein.

Zu Ferienbeginn glich die Wohnung einem Durcheinander. Im Schlafzimmer waren alle Schranktüren aufgerissen, die Wäsche lag wahllos auf dem Boden verstreut. Wenn Mutter morgens makellos und elegant gekleidet die Wohnung verließ, hinterließ sie ein Chaos. Es war nun meine Aufgabe, die saubere von der schmutzigen Wäsche zu trennen, ihre Kleider und Blusen zu bügeln und wieder in den Schrank zu hängen, die Betten frisch zu beziehen und das Geschirr von Wochen zu spülen.

Den Rest des Tages putzte und schrubbte ich. Mutter machte regelmäßig Kontrollanrufe, um sicher sein zu können, dass ich auch wirklich zu Hause war.

Ich durfte das Haus nur verlassen, um sie nach der Arbeit am Personalausgang von P&C abzuholen.

Abends musste die Wohnung blitzen und das Abendessen auf dem Tisch stehen. Zu Hause streifte sie noch in der Diele ihre gesamte Garderobe ab und ließ sie am Boden liegen. Im Bademantel setzte sie sich an den Tisch, zündete sich eine Peter Stuyvesant an und scheuchte mich: »Wo bleibt der Tee? Heb die Sachen auf! Warum ist das Badezimmer nicht geputzt?«

Wortreich erklärte sie mir jeden Abend, wie sehr sie für mich schuften musste.

Ich war heilfroh, wenn die Ferien vorbei waren.

Von einer Appendizitis zu einer Ileitis terminalis

Mit Weihnachten schien ich kein Glück zu haben. Während andere Familien festliche Lieder unter dem Weihnachtsbaum sangen, lag ich mit starken Schmerzen zusammengekrümmt auf dem Sofa. Am frühen Abend bekam Mutter langsam doch Zweifel ob meines Gesundheitszustands und holte schließlich einen Arzt. Mit Blaulicht wurde ich ins Marienkrankenhaus gebracht und wegen einer akuten Blinddarmentzündung auch gleich in den Operationssaal geschoben und notoperiert.

Als wäre eine Appendizitis nicht genug, stellten die Ärzte während der Operation fest, dass noch viel mehr im Argen lag. Mein Dünndarm war entzündet und hatte mir wohl die schlimmen Schmerzen beschert. Ich hörte nur etwas von Ileitis und dass das bei Kindern doch gar nicht sein könne.

Noch benebelt von der Narkose lag ich im Krankensaal und hatte eine wunderschöne Erscheinung. War ich schon im Himmel? Ein Engel im weißen Gewand stand an meinem Bett und redete liebevoll auf mich ein. Wie sich nach kurzer Zeit herausstellte, war es keineswegs ein Engel aus dem Jenseits, sondern meine Schwester Gisela aus dem Diesseits in voller Schwesterntracht. Gisela wäre außerhalb der strengen Besuchszeiten gar nicht zu mir vorgelassen worden, wenn sie nicht ihre Schwesterntracht anbehalten hätte. So kam niemand auf die Idee, dass Gisela keine Pflegekraft war, sondern nur zu mir wollte. Mutter besuchte mich in der ganzen Zeit nicht und redete sich damit heraus, dass die strengen Besuchszeiten für sie so ungünstig wären.

Nach zehn langen Tagen durfte ich endlich wieder nach Hause, gesund war ich noch nicht. Und das zeigte sich auch gleich am nächsten Tag. Um unsere Vorräte wieder aufzufüllen, schickte Mutter mich zum Einkaufen. Den Weg zum

Lebensmittelhändler meisterte ich noch, doch der Rückweg mit der schweren Einkaufstasche war zu viel für mich. Ich brach auf offener Straße zusammen und wurde wieder in die Klinik gebracht. Diesmal ins Universitätskrankenhaus St. Georg, um dort von Prof. Bansi behandelt zu werden.

Prof. Bansi war zwar ein ausgewiesener Stoffwechselspezialist, so eine seltene Krankheit bei einem Kind wollte er sich aber nicht entgehen lassen. Und so kam es, dass ich in einem großen Saal zwischen lauter Erwachsenen auf Prof. Bansis Station untergebracht wurde.

Seltene Krankheiten bedeuten in einem Universitätskrankenhaus immer viele Untersuchungen und sehr interessierte junge Studenten. Prof. Bansi nahm seinen Lehrauftrag ernst und dozierte stundenlang an meinem Bett über Dünndarmentzündungen und schlechtes Essverhalten. Jeder der wollte, durfte meinen Bauch abtasten, um sich so selbst ein Bild von meinen Verdauungsorganen zu machen.

Ich war 13 Jahre und hatte gerade zu pubertieren begonnen. Hätte es ein Erdloch gegeben, ich wäre sofort darin versunken, um den vielen Studentenhänden zu entgehen.

Internat

An jedem Ferienende setzte sich eine ganze Schülerkarawane von Hamburg nach St. Peter-Ording in Bewegung. Um die normalen Fahrgäste durch diese Schülerhorde nicht zu stören, wurden an den Zug einfach ein paar Sonderwagons angekoppelt. Umsteigen in Husum blieb uns dadurch erspart und hat wahrscheinlich auch dabei geholfen, keinen Schüler unterwegs zu verlieren.

Das Nordseeinternat war erst Anfang der 1950er gegründet worden, hatte sich aber durch seine außerordentliche Lage innerhalb weniger Jahre einen guten Ruf erarbeitet. In unserem Internat gab es viele Kinder aus der guten Hamburger Gesellschaft und aus Schauspieler-Familien. Dazu kam auch noch das gesunde Nordseeklima. Die Seeluft interessierte mich weniger als die Erzählungen meiner Mitschülerinnen über ihre berühmten Schauspieler-Eltern.

Das Nordseeinternat bestand aus fünf Wohngebäuden und einem Schulhaus. Vier Häuser waren für die Jungen, eines für Mädchen. Im Mädchenhaus, dem Erlenhaus, waren um die 70 Mädchen untergebracht. Wie viele Mädchen jeweils in einem Zimmer wohnten, hing davon ab, in welcher Jahrgangsstufe sie waren. In der Unterstufe – Sexta, Quinta, Quarta – musste man sich zu sechst ein Zimmer teilen, in der Mittelstufe – Untertertia, Obertertia, Untersekunda – waren es nur noch vier Kinder und in der Oberstufe – Obersekunda, Unterprima und Oberprima – hatte man das Privileg eines Zweibettzimmers.

Jedes Zimmer hatte eine Stubenführerin, die für Ordnung und Ruhe zu sorgen hatte. Zur Stubenführerin wurde ein um die zwei Jahre älteres, sehr gewissenhaftes Mädchen berufen. Unsere hieß Hilde Gaebert und war Tochter des ceylonesischen Botschafters in Hamburg. Hilde beneidete ich weniger um ihre Vorherrschaft in unserer Stube, sondern wegen ihrer Zweisprachigkeit. Sie konnte sowohl fließend Englisch als auch Deutsch und sparte sich dadurch das allabendliche mühsame Vokabellernen. War der Schrank nicht so eingeräumt, wie es sich die Stubenführerin vorstellte, landeten alle Kleider auf dem Boden und man musste von vorne anfangen.

Als erfahrenes Heimkind hatte ich die Hausregeln schnell verinnerlicht und bot der Stubenführerin wenig Grund, mich zu ermahnen.

Regeln gab es auch im großen Speisesaal. Im Saal waren sieben große Tische aufgestellt, an denen je zehn Kinder sitzen durften. Die Sitzordnung war festgelegt und galt das ganze Schuljahr. Da der Saal ziemlich groß war und die Position des Tisches darüber entschied, wie weit man von der Essensausgabe entfernt saß, wurde jeden Sonntag getauscht. Im Uhrzeigersinn wanderte jeweils die ganze Tischgemeinschaft einen Tisch weiter, sodass sich niemand über den weiten Weg beschweren konnte. Nur eine Tischgemeinschaft blieb immer ganz nah bei der Ausgabe, der Tisch der Langsam-Esser. Nach vier Wochen hatte ich einen festen Platz an diesem Tisch und bildete selbst dort das Schlusslicht.

Meine ganze Internatszeit über war Christiane Krüger, die Tochter von Hardy Krüger, meine Zimmergenossin. Sie ging in die Parallelklasse und wir teilten uns in unserem Sechsbett-Zimmer ein Stockbett – sie oben und ich unten. Christiane wiederum war befreundet mit Doris Kunstmann, die ich viele Jahre später als Kollegin wiedertraf.

Christiane und Doris waren ausnehmend hübsch, immer schick angezogen und strotzten vor Selbstbewusstsein. Die Jungs umschwirrten sie wie Motten das Licht. Als hässliches Entlein, als das ich mich damals fühlte, beneidete ich sie um ihr Auftreten und die vielen Möglichkeiten, die ihnen ihre Familien mit auf den Weg gegeben hatten.

Für Christiane war die ganze Welt eine große Bühne. Selbst in unserem Stockbett gab sie mit ihren langen, dichten, blonden Haaren Lieder aus Brechts *Dreigroschenoper* zum Besten. Ich saß mit großen Augen und offenem Mund am Boden, schaute zu ihr auf und bewunderte sie. So wollte ich auch werden.

Kurze Zeit später durfte ich Hardy Krüger, ihrem Vater und meinem großen Schauspieleridol, so nahekommen, wie ich es nie zu träumen gewagt hätte.

Meine Mutter kam hin und wieder nach St. Peter-Ording, um im Hotel Stadt Hamburg ein paar Tage auszuspannen und mit mir ein paar Stunden zu verbringen.

Am letzten Abend saßen wir im Restaurant des Hotels. Mutter redete den ganzen Abend von ihrer Arbeit, ich hörte zu.

Vor dem Dessert kam der Kellner zu uns an den Tisch und machte uns bedeutungsvoll auf den Stargast im Nebenzimmer aufmerksam – es war Hardy Krüger mit Christiane. Hardy Krüger hatte in dem Jahr, also 1957, seinen internationalen Durchbruch mit dem Film *The one that got away*, der Lebensgeschichte des deutschen Offiziers Franz von Werra.

Immer wieder schaute ich verstohlen in die Ecke, hätte mich jedoch niemals getraut, diesen großen Filmstar anzusprechen.

Nach dem Essen verabschiedete ich mich von Mutter und machte mich zurück auf den Weg ins Internat.

Nach einer halben Stunde Fußmarsch, ungefähr auf der Hälfte der Strecke, hielt ein weißer Mercedes-Cabrio-Zweisitzer neben mir. Am Steuer saß Hardy Krüger und fragte mich, ob ich mitfahren wolle. Natürlich wollte ich. Eingeklemmt zwischen Vater und Tochter konnte ich gar nicht anders, als den Duft von Hardy Krügers Aftershave tief in mich aufzusaugen. Aufgewachsen ohne Vater war diese herbe Note für mich der Inbegriff an Männlichkeit und Erfolg.

So richtig sündig wurde es bei uns im Erlenhaus, als Regine Feldhütter einzog. Regine, die Tochter der Bekannten Schauspielerin Heidemarie Hatheyer, hatte schon mit 14 Jahren eine echte Filmrolle im *Glücksritter* gespielt. Jetzt war sie 16 und trug Perlonstrümpfe, durchsichtige Perlonstrümpfe!

Wir Mädchen träumten davon, ein solches Luxusgut auch zu besitzen und mit diesen Strümpfen ähnlich berühmt zu werden wie Regine.

Mit dem Taschengeld, das ich von meiner Mutter bekam, führte da kein Weg hin. Die 20 Mark im Monat waren für Dinge wie Schulhefte, Bleistifte und Tinte gedacht und wurden von unserer Hausmutter, Frau Gabriel, verwaltet. Uns blieben von diesem Taschengeld nur 50 Pfennige pro Woche, die wir meistens in Negerküsse, wie die Schokoküsse damals noch hießen, investierten.

So wie alle Kinder, hatte auch ich noch einen heimlichen Notgroschen auf einem Postsparbuch. Es dauerte nicht lange, bis mir Frau Gabriel auf die Schliche kam und mich nötigte, das Geld abzuheben und dem regulären Taschengeld zuzuführen. Ich war nicht volljährig und Frau Gabriel nicht erziehungsberechtigt, und so wurde mein Sparbuch zwar bis auf eine Mark leergeräumt aber nicht aufgelöst. Das Sparbuch mit der einen Mark ging irgendwann verloren. 50 Jahre später holte mich die Vergangenheit ein. Ich wollte bei der Post ein bisschen Geld anlegen und ging deshalb in München in die große Hauptpost neben der Oper. Die Mitarbeiterin ließ sich meinen Ausweis zeigen, schaute in ihren Computer und las vor: »Jutta Kammann, Hamburg, Blumenau 63. Sie haben doch ein Postsparbuch mit einem Guthaben von 19,78 Euro.« Ich war wie vom Blitz getroffen. Es konnte nur das Postsparbuch aus Internatszeiten sein, auf dem sich durch Zinsen und Zinsenzinsen dieser staatliche Betrag angesammelt hat.

Ein unscheinbares Sparbuch reichte aus, um alle Erinnerungen an die Internatszeit lebendig werden zu lassen – die guten wie die weniger guten. Ich sah uns Kinder durch die Dünen streifen, als sei es gestern gewesen. Die Postbankmitarbeiterin sah mich etwas irritiert an, als mir plötzlich die Tränen über die Wangen liefen.

Die klaren Strukturen und der strenge Tagesablauf taten mir und meinen schulischen Leistungen ausgesprochen gut.

Vormittags Schule, Mittagessen, zwei Stunden Freizeit und dann Hausaufgaben unter Aufsicht. Wer mit den Aufgaben fertig war, durfte aufstehen, wer aber in einem Fach auf vier oder schlechter stand, musste bis um 18 Uhr für dieses Fach weiterlernen. Der Schultag fand seinen Abschluss mit 15 Minuten Vokabeln abfragen.

Meine einzige wirkliche Schwachstelle war die Mathematik.

Vor den Matheschulaufgaben lernte ich, wann immer es ging und kam trotzdem über ein »Ausreichend« nicht hinaus. Es war zum Verzweifeln.

Einen Tag vor einer dieser gefürchteten Mathearbeiten kam mir das Schicksal im Turnunterricht zu Hilfe.

Bei einer Übung am Barren rutschte ich ab und landete direkt auf dem Kopf. Die Verletzungen waren eigentlich nicht der Rede wert, doch noch am Boden liegend fasste ich den Entschluss, dieses Geschenk des Himmels dankbar anzunehmen. Um sicher von der Matheprüfung befreit zu werden, musste ich allerdings dick auftragen. Ich wimmerte und klagte über furchtbare Kopfschmerzen. In einem Buch hatte ich gelesen, dass Übelkeit ein sicheres Anzeichen für eine Gehirnerschütterung sei, also würgte ich ein bisschen vor mich hin. Mein Auftritt war so überzeugend, dass der eilig herbeigerufene Arzt eine schwere Gehirnerschütterung diagnostizierte und mir zwei Wochen strenge Bettruhe auf der Krankenstation des Internats verordnete.

Lesen war mir zwar auch verboten, aber darum kümmerte ich mich nicht.

Ich verkroch mich mit Heinrich Harrers »Sieben Jahre in Tibet« unter meiner Bettdecke und ließ mich in die so fremde Welt entführen.

Abschied von der Nordsee

»Du bist alt genug alleine zurecht zu kommen, das Internat ist mir zu teuer.« Mit diesen Worten beendete Mutter meine Zeit in St. Peter-Ording und holte mich zurück nach Hamburg. Der Abschied fiel mir sehr schwer, denn an der Nordsee fühlte ich mich nicht nur wohl, ich schätzte die klaren Strukturen des Internatslebens, hatte endlich gute Noten und war bei meinen Mitschülerinnen anerkannt.

Auf dem städtischen Elise Averdieck-Mädchengymnasium sollte ich meine schulische Laufbahn fortsetzen, doch das war deutlich schwieriger als erwartet.

Mutter interessierte es nicht, wie es mir in der Schule ging, viel wichtiger war ihr, dass das Abendessen pünktlich auf dem Tisch stand und der Haushalt gemacht war. Wenn ich mich zwischen Hausaufgaben und Putzen entscheiden musste, gab es nicht viel zu überlegen: Die Lehrer schimpften nur, Mutter hingegen schlug, wenn ich ihren Wünschen nicht entsprach.

Eine kleine Verschnaufpause hatte ich nur, wenn sie für Peek & Cloppenburg auf Dienstreise war, um Lieferanten und Fabrikanten zu besuchen. An diesen Tagen konnte ich heimlich Mitschülerinnen besuchen, denn Mutter duldete es nicht, wenn ich andere Kinder in ihre Wohnung mitbrachte.

Lolita

Während einer ihrer Dienstreisen kam ich auf die Idee, mir meinen Lieblingsfilm *Die zehn Gebote* nochmal anzuschauen. In der Zeitung hatte ich gelesen, dass der Film jetzt in einem Kino auf der Reeperbahn lief und so machte ich mich im Faltenröckchen, mit Mutters kurzer Nappalederjacke, Make-up und angemalten Lippen auf den Weg.

Ich sah aus wie eine kleine Lolita, die nicht die geringste Ahnung hatte, wie das auf Männer wirken musste, noch dazu auf der Reeperbahn. Schon vor dem Kino sprachen mich Männer auf recht eindeutige Weise an, im Kino erkundigte sich ein Mann freundlich, ob er sich neben mich setzen dürfe. Ich antwortete kokett: »Warum nicht. Wenn Sie sich anständig benehmen.«

Aus »Versehen« berührte er während des Films einige Male mein Knie. Vertrauensselig erzählte ich dem fremden Mann, dass meine Mutter gerade verreist sei und ich eine Woche lang alleine zu Hause wäre. In der Pause des überlangen Films lud mich der Mann zu einem Kaffee ein, ich aber schlug ihm vor, mich nach Hause zu begleiten, auch deshalb, weil ich wusste, dass Mutter anrufen würde.

Gemeinsam fuhren wir mit der U-Bahn von der sündigen Reeperbahn in die gutbürgerliche Blumenau.

Der Anruf ließ nicht lange auf sich warten und ich versicherte Mutter, dass alles in bester Ordnung sei. »Ja Mutti, nein Mutti.« Während ich ihre Kontrollfragen über mich ergehen ließ, inspizierte der fremde Mann, dessen Name ich noch nicht einmal kannte, unsere elegante Wohnung.

Nachdem ich das Telefonat mit Mutter beendet hatte, zog er wortlos seinen Mantel an, öffnete die Tür und sagte: »Ich gehe lieber.« Ich bekniete ihn zu bleiben und sich noch ein bisschen mit mir zu unterhalten. Ich bot ihm sogar ein Glas von Mutters Weißwein an. Der Mann ließ sich nicht überreden. Er verließ eilig die Wohnung, ohne sich noch einmal umzudrehen.

Rückblickend kann ich gar nicht glauben wie naiv ich war. Mein Schutzengel hatte auch in dieser Zeit viel zu tun.

Klassensprecherin

Es gibt Ämter, die zwar nicht besonders glamourös sind, jedoch zumindest ein gewisses Maß an Anerkennung versprechen. Klassensprecherin ist eines dieser Ämter. Mir war zwar bewusst, dass ich auch deshalb gewählt wurde, weil den Posten sonst niemand übernehmen wollte, aber das war mir egal. Ich wollte alles dafür tun, um in die Klassengemeinschaft richtig aufgenommen zu werden, auch wenn das bedeutete, für meine Klassenkameradinnen in den Ring zu steigen, wenn sie von den Lehrern ungerecht behandelt wurden.

Das autoritäre Schulsystem im Nachkriegsdeutschland sah es allerdings noch nicht vor, dass Schüler Lehrern Widerworte geben, schon gar nicht, wenn deren Noten nicht sonderlich gut waren, so wie meine.

Eines Tages hatte sich unser Klassenlehrer vorgenommen, uns einen Einblick in die Glaubenswelt außerhalb der christlich etablierten Kirchen zu geben. Ein besonders abschreckendes Beispiel waren für ihn die Mormonen. Genüsslich referierte er über die Vielweiberei dieser Sekte, ein Satz beleidigender als der nächste.

Ich wusste zu dem Zeitpunkt nichts über die Mormonensekte, aber ich wusste, dass meine Banknachbarin Mormonin war. Und unser Lehrer wusste das auch. Meine Mitschülerin saß mit gesenktem Kopf auf ihrem Stuhl und schämte sich zu Tode.

Das Schauspiel widerte mich an, mein Gerechtigkeitssinn war angestachelt und so betrachtete ich es als meine Pflicht als Klassensprecherin, das Mädchen zu verteidigen und den Lehrer vor der ganzen Klasse darauf hinzuweisen, dass in Deutschland Glaubensfreiheit herrsche und sein Verhalten nicht richtig sei.

Von diesem Zeitpunkt an wurde mein Leben zur Hölle.

Meinem Klassenlehrer widersprochen zu haben, ihn vor der Klasse zurechtgewiesen und bloßgestellt zu haben, sprach sich in Windeseile im Lehrerkollegium herum. Und so hatte ich mit einem Satz nicht nur meinen Klassenlehrer, sondern das gesamte Kollegium gegen mich aufgebracht.

Als erstes wurde ich von unserem Klassenlehrer vor der ganzen Klasse als Klassensprecherin abgesetzt. In süffisantem Tonfall referierte er über meine Leistungen und ließ dabei keine Gemeinheit aus.

Sein nächstes Racheinstrument war das Ausfragen. Er verstand es, meine schulischen Schwachstellen offenzulegen und mich vor allen anderen Kindern lächerlich zu machen. Schulische Defizite hatte ich wahrlich eine ganze Menge, deshalb konnte ich seinem Sadismus nichts entgegenhalten. Die Klasse war bedrückt, aber niemand traute sich, dem Lehrer Paroli zu bieten. Der Klassenlehrer machte mir unmissverständlich klar, dass ich auf seiner Schule unerwünscht war und er nicht lockerlassen würde, bis ich das selbst einsähe und gehen würde.

Mutter war mir keine Hilfe. Schulschwierigkeiten interessierten sie nicht, sie war mit sich selbst beschäftigt.

Ständig gereizt und gestresst schlitterte sie von einem Wutanfall in den nächsten. Sie wollte eine angepasste Tochter, die funktioniert, nicht eine, um die man sich kümmern musste. Ich weiß nicht, wie oft sie in dieser Zeit die Beherrschung verlor und wegen Bagatellen zugeschlagen hat, irgendwann spielte das für mich auch keine Rolle mehr.

Mein Entschluss stand fest: Ich wollte raus aus diesem Leben, ich wollte sterben.

Mein letzter Ausweg

Schlaftabletten waren bei uns immer im Haus, und durch Mutter hatte ich gelernt, wie einfach es ist, an größere Mengen heranzukommen. In der Apotheke besorgte ich mir mehrere Packungen und steckte sie in meine Tasche. Wo immer ich hinging, ich hatte meine Schlaftabletten dabei, damit ich im entscheidenden Moment, dann wenn ich den Mut aufbrächte endlich Schluss zu machen, gerüstet wäre. Die nächsten Wochen waren für mich wie eine Abschiedstournee. In Gedanken verabschiedete ich mich von den Wolken, der Sonne, von Menschen und Pflanzen. In meiner Fantasie ging ich noch einmal zu meinen Lieblingsorten, um sie ein letztes Mal zu besuchen.

Und dann endlich kam der Tag, an dem ich meinem Leben ein Ende setzen wollte. Es gab noch nicht einmal einen konkreten Anlass, sondern nur das bestimmte Gefühl, dass jetzt der Zeitpunkt gekommen war. Unter dem Vorwand, Bier und Zigaretten für sie zu holen, verabschiedete ich mich von Mutter und verließ die Wohnung. Ich wollte sie nie wieder sehen, nie mehr in diese Wohnung zurückkommen. Es war Winter, eisig kalt und dunkel. Wie in Trance lief ich durch die Straßen Hamburgs, sah die Neonreklamen, hörte den Straßenlärm, bemerkte die vorbeieilenden Menschen, nahm alles wahr, aber nichts erreichte mich mehr.

Ich nahm die erste Tablette und spülte sie mit Mutters Bier runter, dann kaufte ich mir ein Ticket für den Alsterdampfer, stellte mich an die Reling und schluckte die nächste Tablette. Angekommen auf der anderen Alsterseite setzte ich mich auf eine Parkbank und schluckte die restlichen Tabletten. Es waren an die 40 Stück, wie man mir später sagte.

»Jutta, Jutta, wach auf! Aufwachen!« Ich wollte nicht aufwachen, wollte weiter in diesem schwebenden Zustand bleiben, die vielen bunten Farben sehen und das leichte Gefühl behalten. »Jutta, wach auf!« Wie durch einen Nebel sah ich eine Frau an meinem Bett sitzen, die laut meinen Namen rief und einfach nicht damit aufhören wollte. Irgendwann konnte ich mich nicht mehr in meiner schönen heilen Welt halten, die Rufe zogen mich in die Realität. Ich schlug die Augen auf. Sofort war ich umringt von drei Frauen, die wild auf mich einredeten. »Nicht wieder einschlafen, nicht wieder einschlafen. Hörst du. Du musst bei uns bleiben.« Nach und nach verstand ich, wo ich war und wer diese Frauen waren. Ich lag im selben großen Saal des St.-Georg-Krankenhauses, wo ich schon wegen meiner Darmentzündung untergebracht gewesen war. Die Frauen hatten sich drei Tage lang an meinem Bett abgewechselt, um mich aus dem Koma zurückzurufen.

Ein Student hatte mich nachts um zwei Uhr auf einer Wiese liegen sehen. Weinend. Er alarmierte einen Rettungswagen, der mich ins Krankenhaus brachte. Kurz darauf kam meine Mutter, um mich zu identifizieren. Nachdem ich mit Bier und Zigaretten nicht heimgekommen war, hatte sie mich bei der Polizei als vermisst gemeldet.

Es sollte ihr einziger Besuch bleiben.

Dafür kamen alle meine Lehrer zu mir ans Krankenbett. Sie kamen aber nicht, um mich zu trösten oder mir gut zuzureden. Sie kamen, um mir vorzuhalten, dass ich den guten Ruf der Schule in den Dreck gezogen hätte. Eine Selbstmörderin an ihrer Schule – das wäre den anderen Schülerinnen auf gar keinen Fall zuzumuten. Ich hatte Schulverbot.

Als hätten mich die Lehrer noch nicht genug gedemütigt, kamen auch noch Polizisten, die nach den Details fragten. Die anderen zwanzig Frauen in meinem Schlafsaal reckten die Hälse, um keines der schaurigen Details zu verpassen. Die Lehrer, die Polizisten, die Mitpatientinnen – ich hätte mir am liebsten die Ohren zugehalten und mich unter meiner Bettdecke verkrochen. Ich schämte mich, wollte endlich in Ruhe gelassen werden und konnte es kaum ertragen, diese vielen Menschen um mich zu haben. Anstatt ewiger Stille, hatte ich nun ein nicht enden wollendes Dauerstimmengewirr um mich herum. Es war bedrohlich und zum Verzweifeln.

Nach einer Woche wurde ich entlassen und musste eine Kinder- und Jugendpsychotherapeutin aufsuchen. Die Frau wollte mir wirklich helfen und spürte, dass etwas an der heilen Welt, die ich ihr vorgaukelte, nicht stimmen konnte. Aber Mutter hatte mich genau instruiert, was ich sagen durfte. »Ich weiß auch nicht, was in mich gefahren ist. Mutti ist so lieb zu mir.« Nach zwei Sitzungen gab die Therapeutin auf und ich war mit meinen Sorgen wieder alleine.

Mein letzter Schulversuch

Nach dem Klinikaufenthalt musste ich noch ein paar Wochen zu Hause bleiben, wollte es aber dann noch einmal mit der Schule versuchen. Ohne Schulabschluss, das war mir klar, wäre es noch schwieriger, irgendwann mein eigenes Leben zu leben. Ich meldete mich selbst auf dem Lerchenfeldgymnasium an, weil Mutter sich weigerte, mit einer Suizid-Tochter in einer neuen Schule um Aufnahme zu betteln.

Ich quälte mich durch das Schuljahr. Meine Mitschülerinnen mobbten mich, die Lehrer mieden mich. Ich gab ohne Schulabschluss auf. Mutter hatte nichts dagegen, weil sie für ihren neuen Plan, den Plan sich selbstständig zu machen, eine helfende Hand gut gebrauchen konnte.

Abstand auf Ustica

Vor ihrem endgütigen Schritt in die Selbstständigkeit, wollte Mutter noch ein paar Tage ausspannen. Sie buchte für uns eine Reise nach Ustica, einer kleinen liparischen Insel im

Tyrrhenischen Meer, nördlich von Sizilien. Wir flogen von Hamburg zuerst nach Rom und von dort weiter nach Palermo, es war der erste Flug in meinem Leben. Von dort ging es noch drei Stunden mit dem Schiff auf die Isola Ustica. Auf der Insel gab es damals nur ein Hotel, das Grotta Azzurra.

Er hieß Camillo, war Sizilianer, Mitte Vierzig und ein Hüne von Mann. Völlig unsizilianisch lief er mit freiem Oberkörper und kurzen Hosen herum, angeblich war er ein Mafioso. Ausgerechnet dieser Adonis war meine erste große Liebe. Camillo arbeitete nicht, stattdessen tauchte er für mich nach seltenen Muscheln und bewachte mich, wenn ich in der Grotte schwamm. Die Einheimischen dienten ihm alle zu, während er sein Leben als Hahn im Korb bei den weiblichen Hotelgästen sichtlich und in vollen Zügen genoss.

Der eigentliche Herrscher der Insel aber war der Comandatore. Dem kleinen, untersetzten Mann gehörte beinahe alles, auch das Hotel, in dem wir wohnten. Wenn ihm der Sinn danach stand, schloss er das Hotel, verfrachtete alle Gäste und Freunde auf die Ladefläche eines LKWs und brachte sie ins Landesinnere auf sein Landgut. Dort angekommen wurden alle mit feinsten sizilianischen Delikatessen verwöhnt. Wir saßen auf einer weinumrankten Terrasse, der Mond ging dunkelrot über dem Meer auf und die Musiker spielten zum Tanz. Camillo trug mich auf die Tanzfläche, hielt mich ganz fest in seinen Armen und tanzte so leichtfüßig, wie man es einem Mann seiner Statur niemals zugetraut hätte.

Mutter warf ihm drohende Blicke zu und zischte nur: »Camillo, wehe.« »Signora non, niente paura.« Es geschah tatsächlich nichts, außer, dass mein junges Herz zum ersten Mal gebrochen war.

Ich weinte dicke Krokodilstränen zum Abschied, er winkte nur. Ich war 17 Jahre alt.

Auch wenn Camillo, der Sizilianer, sicher nicht unter unserem Abschied litt, so war er in seiner Ehre doch tief gekränkt, als ich Jahre später unverheiratet, aber mit einem anderen Mann, mit Willem, noch einmal auf die Insel kam.

Geschäftsfrau

Nach dem Urlaub war es so weit. Mutter eröffnet ihr erstes Geschäft, das sie *Mutter und Kind* nannte. Vom Umstandskleid, über Miederwaren, Kinderwagen, Wickelkommode und Babyspielzeug, gab es hier alles aus einer Hand. Mutters Geschäftsidee war, schwangere Frauen im Rausch der Hormone davon zu überzeugen, die komplette Ausstattung schon vor der Geburt zu kaufen und bei ihr einzulagern. Da die Pränataldiagnostik noch nicht so weit fortgeschritten war, bot Mutter den Kundinnen an, die blauen gegen rosafarbene Strampler und umgekehrt zu tauschen, sollte sich das ersehnte Geschlecht doch nicht einstellen.

Die Idee war grandios und in dieser Zeit absolut neuartig. Mutter hatte zwar keinen Pfennig Eigenkapital, besaß aber unendliches Verhandlungsgeschick und Überzeugungskraft, sodass ihr die Hamburg-Mannheimer Versicherung ein großes Ladenlokal in bester Hamburger Innenstadtlage vermietete. Am Steindamm, direkt neben dem Savoy-Kino. Anschließend setzten wir uns in ihren VW-Käfer und besuchten in ganz Deutschland einen Fabrikanten nach dem anderen, um ihr Warensortiment zusammenzustellen. Die Lieferanten gewährten ihr unglaubliche Konditionen und versorgten sie mit großen Warenmengen.

Das Logo, ein stilisierter Klapperstorch, prangte als Leuchtreklame schon über der Eingangstür, noch bevor sie das Personal rekrutiert hatte. Einige Frauen ließen sich sogar von Peek & Cloppenburg abwerben, obwohl sie schon am eigenen Leib erfahren hatten, wie schwierig Frau Kammann sein konnte. Mutter sah mich als zukünftige Leiterin einer Filiale vor, mein Lebenstraum, Schauspielerin zu werden, rückte in immer weitere Ferne.

Vom ersten Tag an ging sie in ihrer neuen Rolle als Hamburger Unternehmerin auf. Gegen 11 Uhr wehte sie ausgeschlafen, geschminkt und perfekt gekleidet in den Verkaufsraum.

Mein Tag hingegen begann schon im Morgengrauen. Ich stand um 6 Uhr auf, richtete für sie das Frühstück und marschierte im strammen Schritt mit unserer Boxerhündin Janka zum Geschäft. Dort angekommen schloss ich das Ladenlokal auf und ließ das Personal ein. Dann nahmen wir die Hussen von den Waren, die nachts die teuren Produkte vor dem Hamburger Straßenstaub schützten. Bevor die ersten Kundinnen kamen, musste alles noch gründlich durchgeputzt werden.

Als Juniorchefin, die ich gar nicht sein wollte, oblag es mir dafür zu sorgen, dass alles reibungslos lief. Gelang mir das nicht, wurde aus der Juniorchefin sehr schnell die unbegabte, unnütze Tochter. Mutter ohrfeigte mich vor den Mitarbeitern, schikanierte und scheuchte mich.

Ich war Mädchen für alles. Ich schleppte Möbel und Kartons, zeichnete Waren aus, verkaufte Babyausstattungen, baute Kinderwagen zusammen und dekorierte die Schaufenster. Das Personal durfte mittags eine Stunde Pause machen, ich nicht. »Schließlich erbst du mal alles«, war ihr Totschlagargument. Während sie nach Ladenschluss mit ihrem Hund nach Hause flanierte, musste ich mit der Geldbombe abends durch die dunkle Stadt zum Jungfernstieg laufen, um unsere Tageseinnahmen in den Tresor zu werfen. So ging das Tag für Tag.

Heiratsanzeigen

Seinen traurigen Höhepunkt erreichte Mutters Dominanz, als sie an meinem 18. Geburtstag anfing, Heiratsannoncen für mich aufzugeben. Hässlich und mager wie ich in ihren Augen war, schien es ihr höchst unwahrscheinlich, dass sich auf normalem Wege ein passender Mann für mich interessieren könnte.

Um meine Heiratschancen zu erhöhen, machte sie in der Anzeige im Hamburger Abendblatt deutlich, dass mit der Heirat auch die Einheirat in ein renommiertes Geschäft verbunden sei.

Männer, die sich auf die Anzeige hin meldeten, musste ich auch treffen. Sie alle machten schon beim ersten und einzigen Rendezvous deutlich, dass sie mich, das unerfahrene, pickelige, magere Mädchen als notgedrungene Knochenbeilage für das Geschäft meiner Mutter betrachten würden.

Nachdem der Plan mit den Heiratsanzeigen nicht aufgegangen war, änderte Mutter ihre Strategie. Sie kaufte mir für 1000 DM, damals ein wirkliches Vermögen, bei Horn, Hamburgs teuerstem Geschäft für Damenmoden, eine goldene Abendrobe, um mit mir auf einen Ball im Hotel Atlantik zu gehen. Dort sollte ich mir in diesem eleganten Kleid einen reichen Fisch an Land ziehen.

Mit meinen 45 Kilogramm bei einer Größe von 1,68 Meter entwickelt das Abendkleid allerdings eine ganz andere Wirkung als die von meiner Mutter erhoffte. Anstatt wie eine attraktive Frau im heiratsfähigen Alter, wirkte ich wie ein Rauschgoldengel auf einer Weihnachtsfeier.

Stundenlang saß ich wie ein Mauerblümchen am Rand der Tanzfläche und wartete darauf, endlich von einem Mann zum Tanzen aufgefordert zu werden. Was natürlich nicht geschah. Mutter strafte mich mit missbilligenden Blicken und fürchtete um ihre enorme Investition.

Nach vielen Stunden am Tisch erbarmte sich ein Bekannter meiner Mutter und führte mich auf die Tanzfläche. Just in diesem Moment tanzte ein blendend aussehender Mann Mitte Dreißig an uns vorbei. Unsere Augen trafen sich. Ich himmelte ihn an. Er nickte mir mit einem Augenzwinkern zu, sich seiner Wirkung auf Frauen bewusst. Etwas später kam er tatsächlich an unseren Tisch und forderte mich zu einem Slowfox auf.

Mutter wähnte sich endlich auf der Siegerstraße und lächelte mich aufmunternd an. Auf der Tanzfläche lud er mich für den nächsten Abend ein. Glücklich, mit diesem Rendezvous Mutters Erwartungen zu entsprechen, sagte ich zu.

Mit einem schicken Sportwagen fuhr er tatsächlich am darauffolgenden Abend vor unserem Haus vor und erkundigte sich bereits während der Autofahrt, ob wir vorher denn noch einen Drink nehmen wollten. Welches Nachher nach diesem Vorher kommen sollte, erschloss sich mir nicht.

Wir tranken hastig ein Glas Campari in einer Bar am Gänsemarkt und fuhren zu ihm nach Hause. Der Flugkapitän legte den Soundtrack der Westside-Story auf den Plattenspieler. Beim Lied »I like to be in America« warf er mich auf sein Bett und riss sich die Hose runter. Immer noch Jungfrau, bekam ich einen Heulkrampf. So wollte ich das nicht.

Mein für ihn völlig unerwartetes Verhalten setzte seinen amourösen Gefühlen ein jähes Ende.

Er frage mich während er sich die Hose hochzog ganz Gentlemen like, ob er mich lieber heimfahren solle.

Mutter konnte gar nicht verstehen, warum sich dieser weltgewandte Schwiegersohn in spe danach nicht mehr meldete. Von dem Zwischenfall in der Wohnung hatte ich ihr nichts erzählt, nur von unserem Aperitif am Gänsemarkt.

Baby-Walz in München

Bei einem ihrer Ausraster im Büro hatte ich zum ersten Mal den Mut, Mutters Hände festzuhalten. Nun schrie sie wie von Sinnen: »Ich bring dich um! Ich bring dich um! Ich habe dir das Leben gegeben, ich kann es dir auch nehmen!« In Panik ließ ich ihre Hände los und rannte aus dem Geschäft.

In diesem Moment wurde es Mutter bewusst, dass sich etwas ändern musste. Ihre Idee: ein zweijähriges Praktikum für mich bei Baby-Walz in München. Nach zwei Jahren sollte ich zur ihr nach Hamburg zurückkehren, um mein Wissen und meine Erfahrungen mit deren Geschäftsmodell in ihre Firma einzubringen.

Der Vertrag war schon unterschrieben, die Koffer gepackt, als Mutter überraschend einen Rückzieher machte. Überstürzt hatte sie ein zweites Ladenlokal an der Hoheluftchaussee angemietet und brauchte mich in Hamburg, um das Geschäft am Steindamm zu führen.

Ein Praktikum in München wäre für mich kein Lebenstraum gewesen aber doch eine Möglichkeit, endlich von Mutters Dominanz wegzukommen.

Sie merkte, dass ich von ihrer neuen Idee überhaupt nicht begeistert war. Kurzerhand buchte sie eine zweiwöchige Mittelmeerkreuzfahrt für mich, damit ich mich noch einmal richtig erholen und etwas erleben konnte, bevor ich das Geschäft am Steindamm übernahm.

Mit dem Zug fuhr ich von Hamburg nach Genua und dann übers Meer. Das Schiff hieß Anna C. und sollte mein Leben verändern.

Die Frau an seiner Seite

Unterwegs zu mir auf der Anna C

In Genua bestieg ich das Kreuzfahrtschiff Anna C, um in die Freiheit zu segeln. Das Schiff kam mir riesengroß vor, auch wenn es nach heutigen Kreuzfahrtschiff-Maßstäben eher ein kleiner Kutter mit Platz für 600 Passagieren war. Das strahlend weiße Schiff, der gelbe Kamin mit dem großen schwarzen C und der Umrandung, der Rauch, der in den azurblauen italienischen Himmel aufstieg – hier sollte, weit weg von meiner Mutter, meine Zukunft beginnen.

Ich war 20 Jahre alt, nach dem Gesetz zwar immer noch nicht volljährig, aber entschlossen, mein Leben hier und jetzt in die eigene Hand zu nehmen.

Meine Reise in die Freiheit begann in einer Innenkabine mit acht Kojen und einem Waschbecken. Ein klein wenig Privatsphäre erlangte man durch einen Vorhang, den man zuziehen konnte, um zumindest vor Blicken geschützt schlafen zu können.

Die Kabine teilte ich mir mit sechs Frauen, deren Männer in eigenen Männerkabinen untergebracht waren.

Tagsüber war die Welt für mich in Ordnung, ich genoss den Wind, der mir um die Nase blies und die Gesellschaft der jungen Offiziere, die sich darum rissen, abends in der Bar mit mir zu tanzen.

Aber wenn alle schliefen, holten mich meine Ängste ein. Gequält von Albträumen schrie ich Nacht für Nacht oder schlafwandelte durch die Kabine. Meine Mitreisenden weckten mich, redeten beruhigend auf mich ein und brachten mich wieder ins Bett.

Mutter hatte mir all die Jahre klar gemacht, dass ich unbeschreiblich hässlich sei, ohne sie nichts zustande bringen und früher oder später in der Gosse landen würde.

Vielleicht hatte sie ja doch recht. Vielleicht war es größenwahnsinnig zu glauben, ohne sie überleben zu können.

Wie aber sollte ich meine Träume überhaupt kennenlernen, wenn mich ihre Dominanz erdrückte?

Zweifel an dem Bild, das sie von meiner Zukunft gezeichnet hatte, kamen mir schon am ersten Abend. Ganz so unansehnlich wie Mutter immer gesagt hatte, konnte ich gar nicht sein. Warum sonst sollte mich der Kapitän dazu einladen, mit ihm und anderen Offizieren am Kapitänstisch zu essen, und das, obwohl ich nur ein Ticket für die Holzklasse besaß?

Tunesien

Die Anna C hatte eine feste Route durchs Mittelmeer, sie dauerte eine Woche und ging von Genua nach Barcelona, von dort nach Palma de Mallorca, Tunis, Palermo und Korsika, und wieder zurück nach Genua. Die Touren waren organisiert wie heutzutage Hop-On-, Hop-Off-Busse. Wollte man sich ein Land genauer ansehen, konnte man von Bord gehen und eine Woche später, wenn die Anna C auf ihrer Runde neuerlich vorbeikam, wieder zusteigen.

Ich hatte mich schon vor Reiseantritt entschieden, die Gelegenheit beim Schopfe zu packen und mir Tunesien anzuschauen. Mutter war schon einmal in Tunesien gewesen und hatte mich neugierig gemacht. Deshalb verließ ich das

Schiff im Hafen von Tunis, wo schon ein Auto des noblen Steigenberger-Hotels auf mich wartete. Im Hotel angekommen, machte ich mich kurz frisch, zog mich um, nahm mir ein Taxi und ließ mich ins Zentrum fahren, um von dort aus das Städtchen Bizerta zu erkunden.

Der Tourismus steckte im Tunesien der 6oer-Jahre noch in den Kinderschuhen. Das Land war erst wenige Jahre zuvor von Habib Bourguiba, dem ersten Präsidenten Tunesiens, in die Unabhängigkeit geführt worden. Bourguiba versuchte, Touristen für Tunesien, seine Kultur und seine Landschaften zu begeistern und dadurch Devisen ins Land zu bekommen. In Tunesien waren viele Menschen arbeitslos und ohne Perspektive. Durch den Tourismus sollten sich neue Arbeitsmöglichkeiten auftun. Die damals wie heute größtenteils sehr konservative und fest im muslimischen Glauben verankerte Bevölkerung sollte als Nebeneffekt an die westliche Zivilisation herangeführt werden.

So verwundert es eigentlich nicht, dass ich mit meinem entzückenden kurzen Trägerkleidchen von Emilio Schuberth einen Skandal auslöste. In den Augen der Tunesier war ich nackt: im kurzen Kleidchen, ohne Kopftuch, mit unbedeckten Armen und ohne männliche Begleitung – so lief keine Frau, die auch nur ein Fünkchen Moral im Leibe hatte, durch die Straßen. Eine, die so auftritt, musste eine Hure sein.

Die verschleierten Frauen schrien mich an, die Männer rotten sich zusammen und die Kinder rannten in Horden hinter mir her. Glücklicherweise hatte der Taxifahrer gewartet, wahrscheinlich ahnte er schon, was passieren würde. Ich rannte zurück zum Wagen, rettete mich auf den Rücksitz, der Fahrer gab Gas und bewahrte mich so vor dem Volkszorn.

Meine erste Reiselektion hatte ich gelernt: mach dich vertraut mit den Sitten und Gebräuchen eines Gastlandes, bevor du dich und andere in Gefahr bringst.

Abends lernte ich in der Hotellobby eine Urlaubergruppe kennen, die sich im Hotel zusammengefunden hatte. Sie bestand aus einer älteren Lehrerin, einem Ingenieur, einer jungen Sekretärin und einem Druckereibesitzer aus Nordrhein-Westfalen. Die vier nahmen mich, das unerfahrene Küken, unter ihre Fittiche. Zusammen unternahmen wir Ausflüge durch die Souks von Tunis, besichtigten die archäologische Ausgrabungsstätte in Karthago, wanderten entlang des kilometerlangen weißen Sandstrandes von Hammamet und schlenderten stundenlang über den Kamelmarkt von Nabeul.

Die Tage mit meiner neuen Reisegruppe waren fast unbeschwert, wäre da nicht das Problem mit meiner Mutter gewesen, das mich immer wieder nachts einholte und für das ich keine Lösung hatte.

Abwechslung versprach der Druckereibesitzer. Je länger wir unterwegs waren, desto intensiver baggerte er mich an. In seinen Augen war ich wahrscheinlich ein nettes, junges, unverdorbenes Urlaubsabenteuer, eine belebende Abwechslung zu seinem langweiligen Familienalltag mit Frau und Kindern in Nordrhein-Westfalen. Dieses kleine Familiendetail ließ er bei seinen Erzählungen über sein Leben auch geflissentlich aus, um die romantische Atmosphäre nicht zu gefährden. Und romantisch wurde es tatsächlich, was auch damit zu tun hatte, dass ich den Entschluss gefasst hatte, mich hier auf dieser Kreuzfahrt entjungfern zu lassen. Ich war 20 Jahre und wollte endlich zu den Erwachsenen gehören.

Die afrikanische Sonne versank im Meer, der Druckereibesitzer küsste mich. Und irgendwann im Laufe des Kusses überzeugte ich mich selbst davon, dass ich wohl verliebt sei. Ich redete mir ein, dass jetzt der richtige Augenblick gekommen war und nahm das Angebot des Druckereibesitzers, mich heimlich auf sein Zimmer zu schleichen, an. Meine Jungfräulichkeit, von der ich ihm erzählt hatte, schien ihn sehr zu stimulieren. Er war geradezu beflügelt von dem Gedanken, sich als »der Erste« in die Biografie einer jungen Frau einschreiben zu dürfen.

Um Mitternacht huschte ich im Nachthemd wie ein Schatten über den Hotelflur. Ich kam mir unglaublich sündig vor, niemand sollte mich sehen.

Bis zur sexuellen Revolution in den 1968ern waren es nur noch ein paar Jahre hin, aber an den Universitäten formierten sich schon Studentengruppen, um gegen die Prüderie des Nachkriegsdeutschlands anzukämpfen. Die Antibabypille stand kurz vor der Marktreife, in den USA verbreitete sich die Hippie-Bewegung als Reaktion auf den Vietnamkrieg. Dem Slogan »Make love not war« fühlte sich auch in Deutschland schon so manches Blumenkind sehr verbunden. Nur ich hatte von Flower-Power zu diesem Zeitpunkt noch nicht viel mitbekommen, meine Welt war die der prüden 50er-Jahre.

Mein westfälischer Amor erwartete mich auf seinem Zimmer und überreichte mir ein Glas Sekt zur Begrüßung. Ich nahm es weltgewandt entgegen, nippte an dem Glas und ließ mir das Negligé, wie ich es in Mutters Reader's-Digest-Romanen gelesen hatte, lasziv von den Schultern gleiten. Nackt, wie Gott mich geschaffen hatte, legte ich mich malerisch wie die Venus von Diego Velázquez auf sein Bett, zum Äußersten bereit. Heute und hier würde es geschehen. Unter dem afrikanischen Himmel würde ich zur Frau werden. Mein Herz raste vor Aufregung.

Mein Prinz verabschiedete sich, um kurz ins Bad zu gehen. Die Tür ging wieder auf – er stand vor mir, mit erregtem Phallus und erwartungsvollem Blick. Bis zu diesem Zeitpunkt hatte ich noch nie einen nackten Mann gesehen und schon gar nicht in diesem Zustand. Ich konnte nicht anders als fassungslos auf sein bestes Stück zu starren. Im nächsten Moment fing ich an zu hyperventilieren, raffte voller Panik mein Nachthemd und rannte nackt und kopflos über den Flur in mein Zimmer. Minutenlang stand ich atemlos und vor Angst wie gelähmt hinter meiner abgeschlossenen Tür und lauschte, ob er mir nicht doch gefolgt war.

Am nächsten Morgen ging er mir aus dem Weg. Der, der noch am Tag zuvor so charmant gewesen war, begegnete mir mit offener Aggressivität, was ich mir damals nicht erklären konnte. Schließlich war doch gar nichts passiert.

Er, beziehungsweise sein verletztes männliches Ego, schien das anders zu sehen. Glücklicherweise war mein einwöchiger Zwischenstopp mit diesem Tag beendet und ich durfte wieder auf die Anna C., weit weg von gekränkten Druckereibesitzern.

Von Tunesien nach Genua war es nicht mehr weit. Eine Entscheidung, wie mein weiteres Leben verlaufen sollte, hatte ich immer noch nicht getroffen.

Kurzerhand kaufte ich mir von meinem Ersparten für 250 Mark noch einmal ein Ticket, um die gleiche Mittelmeerrunde noch einmal zu drehen, diesmal ohne Zwischenstopp.

Meiner Mutter schickte ich eine Postkarte, damit sie in Hamburg am Zug nicht auf mich wartete. Auf der Postkarte, die ich in Genua in den Briefkasten warf, stand nur ein Satz:

Liebe Mutti, ich komme nicht mehr nach Hause.
Deine Jutta

Ganz so einfach, wie ich mir das gedacht hatte, war es allerdings nicht. Der Postweg von Genua nach Hamburg dauerte damals drei Wochen, was ich allerdings nicht wusste. Mutter war deshalb nicht über meine Zukunftspläne informiert, wartete vergebens am Zug und meldete mich schließlich als vermisst.

Die Polizei gab die Suchmeldung an Interpol weiter und Interpol benötigte nicht lange, mich auf dem Schiff aufzuspüren.

Von da an kam Interpol in jedem Hafen an Bord und erkundigte sich beim Kapitän, ob ich immer noch an Bord sei. Da ich mich keiner Straftat schuldig gemacht hatte und in gewisser Weise auch nicht mehr vermisst war, durfte ich an Bord bleiben und über meine Zukunft nachdenken.

Irgendwann auf hoher See kam mir der zündende Gedanke. Gisela, ich würde zu Gisela nach Köln fahren.

Der nächste Adonis

Endlich eine Lösung für mein Mutter-Problem gefunden zu haben, beflügelte mich sehr. Ich fühlte mich befreit und zu allem bereit. Ich wollte die Welt umarmen.

Von Glück und Zuversicht durchströmt, lief ich nach einem unterhaltsamen Abend an der Bar zurück zu meiner kleinen Mehrbett-Innenkabine ohne Fenster. Auf dem Weg dorthin kam mir einer dieser vor Testosteron strotzenden Seeleute entgegen. Er bezog meinen Frohsinn wohl auf sich und nahm es obendrein mit der Offiziersehre nicht so genau. In seiner schmucken Uniform fand er sich selbst unwiderstehlich und ging ganz selbstverständlich davon aus, dass seine Begeisterung für sich auch alle Frauen teilten und es gar nicht erwarten konnten, von ihm begattet zu werden.

Als wir uns im engen Flur aneinander vorbeischoben, riss er eine Tür auf, schob mich in ein fremdes Badezimmer, knipste das Licht an und nestelte an seinem Gürtel herum. Eine romantische Annäherung mit langem Vorspiel stand nicht auf seiner To-do-Liste – er wollte schnell ans Ziel kommen. Die Hose rutschte ihm runter bis auf die Knöchel, zum Vorschein kam eine weiße Schiesser-Feinripp-Unterhose mit Eingriff. Zuerst erstarrte ich, dann bekam ich einen hysterischen Lachkrampf, der den schneidigen Offizier zurück in die Realität katapultierte. Ihm wurde bewusst, dass er gerade dabei war, seine Karriere zu ruinieren.

Peinlich berührt zog er schnell seine Hose hoch und stopfte sein blütenweißes Offiziershemd in den Hosenbund. Bevor er auf den Flur stürmte, nahm er mir noch das Versprechen ab, mit niemanden darüber zu reden. Den Rest meiner Reise bekam ich ihn nicht mehr zu Gesicht.

Zwei Hamster statt einer Mutter

An einem sonnigen Tag im September 1964 fuhr ich mittags mit dem Zug im Kölner Hauptbahnhof ein. Abends hatte ich bereits ein Zimmer gefunden und konnte auch gleich einziehen. Eine winzige möblierte Altbau-Mansarde im sechsten Stock für 60 DM Miete im Monat. Das Zimmer bestand überwiegend aus Dachschrägen, Licht kam durch eine kleine Dachluke.

Es gab ein Bett, einen Tisch, einen Stuhl, einen Kleiderschrank, ein Waschbecken, aus dessen Wasserhahn nur kaltes Wasser kam, und einen schwarzen Kanonenofen.

Das Vermieterehepaar brachte mir bei, wie man den Kanonenofen anheizen musste und erlaubte mir, eine Kochplatte im Zimmer anzuschließen.

In der Zoohandlung um die Ecke kaufte ich mir zwei Hamster als Zimmergenossen. In Zoologie nicht sehr bewandert, war mir nicht in den Sinn gekommen, dass Hamster nachtaktiv sind und bevorzugt um Mitternacht damit beginnen, Wettrennen im quietschenden Laufrad zu veranstalten. Die schlaflosen Nächte nahm ich gerne in Kauf, um nicht alleine zu sein.

Am nächsten Tag ging ich zu Gisela. Ungläubig sah sie mich an, als ich vor ihrer Tür stand. Nie und nimmer hätte sie mir zugetraut es zu schaffen, mich von unserer Mutter loszueisen. Meine Flucht kam ihr spanisch vor, weshalb sie anfangs den Verdacht hegte, dass ich von unserer Mutter als Spionin geschickt worden sei. Als Schwestern hatten wir uns durch die Scheidung unserer Eltern kaum kennengelernt, weshalb ihr Misstrauen durchaus verständlich war. Nach ein paar Tagen fing sie an, dem Frieden zu trauen und wir begannen langsam, uns etwas besser kennenzulernen.

Durch unsere vielen Umzüge hatte ich gelernt, dass Wohnortwechsel mit Formalitäten verbunden sind und ich mich beim Einwohnermeldeamt ummelden musste. Vor meiner Reise hatte ich in weiser Voraussicht meine Geburtsurkunde aus dem Familienstammbuch des Dritten Reiches rausgetrennt, was die Anmeldung sehr erleichterte. Kaum in Köln angemeldet, bekam ich auch schon Post vom Jugendamt mit der Aufforderung, mich umgehend vorzustellen.

Die Mitarbeiterin des Jugendamtes empfing mich mit den Worten: »Sie sehen ganz normal aus. Das hat uns Ihre Mutter anders geschildert.«

In der Vermisstenanzeige, die der Psychologin von der Jugendfürsorge vorlag, hatte Mutter mich als dürr, pickelig, mit roten Haaren und übereinanderstehenden Schneidezähnen beschrieben. Das Gesamtbild, das sich durch diese Beschreibung vor dem inneren Auge der Frau entwickelt hatte, ähnelte wohl eher Quasimodo als einer jungen Esmeralda, die ich gerne sein wollte.

Sie unterhielt sich lange mit mir. Ich erzählte ihr von meinen Plänen, Schauspielerin zu werden und welche Schritte ich gehen wollte, um diesen Plan zu verwirklichen. Die erfahrene Psychologin entließ mich mit den Worten: »Sie machen Ihren Weg. Da bin ich mir ganz sicher. Für mich ist die Akte geschlossen.«

Was meine Zukunft betraf, war die Dame vom Amt weitaus zuversichtlicher als meine Mutter. Die hatte nämlich inzwischen eine Detektei damit beauftragt, mich rund um die Uhr zu überwachen. Und es dauerte nicht lange, bis ihr der Detektiv ein wunderbares Werkzeug an die Hand gab, um mich nach Hamburg zurückzuholen. Er hatte etwas herausgefunden, mit dem sie mich erpressen konnte. Noch aber hatte ich den Erpressungsgrund gar nicht kennengelernt und bereitete mich stattdessen auf meine Zukunft in Freiheit vor.

Die Schule der Dame

Zusammen mit meiner Schwester überlegte ich, wie ich ohne Schulabschluss und Ausbildung Geld verdienen und vielleicht meinem Berufswunsch näherkommen könnte. Gisela hatte von Marlies Scholz und ihrer *Schule der Dame* gehört. Der Kurs bei Marlies Scholz dauerte 14 Tage und kostete 600 DM. Das Geld dafür wollte mir Gisela leihen. Teil der Vereinbarung war, dass man über die Agentur anschließend als Model gebucht wurde und sich so die Investition schnell amortisieren würde. Von meinem Aussehen selbst wenig begeistert, überzeugte Frau Scholz mich davon, alle Voraussetzungen zum erfolgreichen Mannequin zu haben. Frau Scholz erkannte mit sicherem Blick meine Achillesferse, machte ein paar freundliche Komplimente über mein Aussehen und schon konnte sie die 600 DM kassieren. Es bedürfe nur ein paar kleinerer Korrekturen, so Frau Scholz, und schon stünden mir die Laufstege dieser Welt offen. Sie schickte mich zu einem Zahnarzt, der mir zu einem Freundschaftspreis, den ich in kleinen Raten abstottern konnte, meine übereinanderstehenden Schneidezähne überkronte und übergab mich Herrn Merges, dem besten Friseur der Stadt. Sie versuchte mir Stil und Eleganz bei der Wahl meiner Kleidung beizubringen, bei Tisch die richtigen

Themen zu finden und pubertäre Pickel zu überschminken. Ich lernte mit erhobenem Kopf unnatürlich zu gehen und durch einen eleganten Rückschritt die Richtung zu wechseln.

Nach einer Woche war ich in ihren Augen tatsächlich ein »perfekt« ausgebildetes Mannequin, mit nur einem Makel – ich war viel zu klein und zu dünn. Das Gardemaß der Mannequins lag zu dieser Zeit bei mindestens 1,76 Meter, Konfektionsgröße 38. Ich war nur 1 Meter 68 groß und wog 45 Kilogramm. In meiner Kleidergröße, nämlich 34, gab es keine Kollektionen, die ich hätte vorführen können.

Abgesehen von ein paar Kleinstaufträgen kam nichts in die Kasse, mit dem ich die für mich horrenden Kosten für meine Mannequin-Ausbildung wieder hereinarbeiten hätte können.

Das Blatt wendete sich, als der WDR vier Mannequins als lebenden Hintergrund für eine Chansonnette suchte, ich glaube, es war Lore Lorentz. Unsere Aufgabe war es, grazil im Hintergrund zu stehen, während die Künstlerin über Mode sang.

Besonders glamourös war mein Einstieg in die Fernsehwelt nicht, dennoch war es für mich der erste Schritt in die richtige Richtung. Die Weiche war gestellt, jetzt musste ich nur noch den passenden Zug nehmen.

Am Set erzählte ich jedem der es hören wollte, und wohl auch jedem, der es nicht hören wollte, von meinen Schauspielträumen. Kein Kameramann, keine Maskenbildnerin und kein Kabelträger entkamen mir, am Abend wussten alle, dass ich jede Arbeit beim Fernsehen annehmen würde, wenn sie mich auf meinem Weg weiterbrächte.

So erfuhr auch der Aufnahmeleiter Eberhard Honigmann von meinen Berufswünschen und bot mir eine Rolle als Statistin an. Finanziell war es ein harter Rückschritt. 35 DM sprangen für mich am Tag heraus, als lebender Hintergrund hatte ich immerhin schon 150 DM erhalten.

Im Unterschied zu meinem Auftritt mit der Chansonnette sollte es aber um richtig großes klassisches Theater gehen, Herodes und Mariamne von Friedrich Hebbel. Wilhelm Semmelroth, der große Wilhelm Semmelroth, dessen Name damals fast jeden Abend im Deutschen Fernsehen zu lesen war, suchte Komparsen für diese Fernsehinszenierung, und ich wurde gefragt.

Ich war mir sicher, dass ich damit einen Fuß in der Tür zum Theater hatte und meiner großen Zukunft als Schauspielerin nichts mehr im Wege stand.

Mein Talent konnte ich aber auch bei diesem Auftritt nicht voll zur Geltung bringen, denn in diesem vorbiblischen Drama war ich lediglich ein tanzender, gesichtsloser Schatten hinter einem Paravent.

Trotz der vergleichsweisen geringen Gage, war der Tag ausgesprochen bereichernd. Ich bekam einen Einblick, auf welche Art Fernsehinszenierungen vonstatten gehen. Obgleich hinter einem Paravent, wurde auch bei meiner Rolle um jeden Ausdruck gerungen, selbst als Schatten bekam ich Regieanweisungen. Nach dem ersten Tag als Schatten war ich völlig erschöpft und auch ein bisschen ehrfürchtig, was hochkonzentrierte Arbeit bedeuten kann.

Die Bibel war schuld

Meinem Auftritt in Herodes und Mariamne ging ein anderes biblisches Spiel voraus, das meine Leidenschaft für die Schauspielerei geweckt hatte: Das Krippenspiel, genauer die Rolle der Maria im Krippenspiel. Das Fräulein im Kindergarten hatte sehr schnell erkannt, dass ich im Gegensatz zu den anderen Kindern gut auswendig lernen konnte. Anders als bei meinem späteren Fernsehdebüt war ich nämlich im Kindergarten nicht nur lebender Hintergrund, sondern die Hauptdarstellerin mit Text. Vertieft in meine Aufgabe und berauscht durch das Publikum vergaß ich völlig das Jesulein in der Krippe, dem ja alle meine Freude hätte gelten sollen, anzusehen. Ich redete auf das Publikum ein, stolz, meinen Text so gut zu können. Mutter kommentierte meinen Auftritt nach der Vorstellung mit den Worten: »Als Gottes Mutter hättest du ruhig auch dein neugeborenes Kindlein anschauen können, anstatt immer nur das Publikum.«

Sehr viel später auf der Schauspielschule lernte ich die »vierte Wand« kennen. Unter der vierten Wand versteht man die Seite der Bühne, die zu den Zuschauern hin offen ist. Durchbrechen sollte man diese imaginäre Wand nur in seltenen Fällen. Als Kindergarten Protagonistin kannte ich dieses eherne Theatergesetz noch nicht.

Die Kritik meiner Mutter konnte nichts daran ändern, für mich stand fest: ich werde Schauspielerin.

Auch gute 15 Jahre nach diesem denkwürdigen Kindergartenauftritt wollte ich immer noch Schauspielerin werden, wenn gleich Mutter alle Hebel in Bewegung setzte, um genau das zu verhindern.

Mein Mann für viele Jahre

Mein erster großer Schatten-Auftritt in einer TV-Produktion brachte mich nicht nur meinem Berufswunsch einen großen Schritt näher, sondern ließ mich auch mein Liebesglück finden. Mit diesem Prinzen hatte ich allerdings nicht gerechnet.

Noch bevor wir uns das erste Mal begegneten und er mit mir meine Schritte als tanzender Schatten durchging, hatte Wilhelm beschlossen, dass ich die Seine werden würde. Aufgrund eines Fotos in einem Großraum-Taxi.

Auf dem Weg vom Probenstudio in Rath-Heumar in die Kölner Innenstadt alberte das Ensembles herum und beschwerte sich beim Aufnahmeleiter Eberhard Honigmann darüber, dass es gar keine jungen Frauen in dieser Produktion gäbe. Er vertröstete sie auf den nächsten Tag und versprach 20 junge hübsche Komparsinnen. Als Beweis reichte er Fotos vom Casting im Bus herum. Als Wilhelm bemerkte, dass Walter Richter, der den Herodes im Stück spielte, ein Foto verschwinden lassen wollte, entriss er es ihm, warf einen Blick auf das Bild und verkündete im Brustton der Überzeugung: »Walter, ab morgen sind wir geschiedene Leute. Das Mädchen ist mir!«

Wilhelm Semmelroth, verheiratet, aber schon seit vielen Jahren von seiner Frau getrennt lebend, eilte in Köln der Ruf eines unersättlichen Liebhabers voraus. Kein Rock war vor ihm sicher. Für Wilhelm gab es nur eine goldene Regel: Nie mit einer Jungfrau, »die bleibt kleben«. Mit seiner Prophezeiung sollte er recht behalten. Aus dem Scherz im Bus wurden 29 wunderbare, gemeinsame Jahre.

Um dahin zu kommen, mussten wir uns aber erst einmal kennenlernen.

Am nächsten Tag, unserem ersten Probentag, wurden wir Komparsen mit dem Bus vom WDR ins Probestudio gebracht. Wir Statisten erstarrten erst einmal, als wir diese berühmten Schauspieler von Angesicht zu Angesicht sahen. Antje Weisgerber, Walter Richter, Marlene Riphahn, Alexander Kerst und Ida Ehre, die legendäre Theaterprinzipalin der Hamburger Kammerspiele.

Semmelroth empfing jeden Komparsen mit Handschlag und ließ sich den Namen nennen. Später erfuhr ich, dass er nur deshalb so ein ausgiebiges Begrüßungsritual veranstaltet hat, um unauffällig mit mir in Kontakt zu kommen.

Die Proben verliefen damals beim Fernsehen noch wie im Theater, da die MAZ nicht geschnitten werden konnte. Es gab kalte Proben wie auf der Bühne, ein Take dauerte jeweils ungefähr 30 Minuten. Nachdem alle Takes erarbeitet waren, ging es ins Studio zu den heißen Proben. Hier wurde dann der ganze Technikpark aufgefahren. In der Mittagspause bei einer der heißen Proben kam Semmelroth an den Komparsen-Tisch, um sich mit uns zu unterhalten.

Während meine Kolleginnen Semmelroth imponieren wollten, indem sie über den Niedergang des Theaters räsonierten, meinte ich nur, dass ich gerne ins Theater gehen, mir jedoch das Geld dazu fehlen würde.

Semmelroth lud mich kurzerhand zu einer Premiere von Karl-Heinz Stroux nach Düsseldorf ein. Vor allen anderen! Ich nahm begeistert an. Die Liebe wollte es, dass wir es nie bis zu dieser Premiere geschafft haben.

Die Erpressung

Der Detektiv, den meine Mutter engagiert hatte, lieferte ihr schon nach wenigen Wochen Berichte, die ihr Herz höherschlagen ließen.

Bei seiner Überwachung war ihm nicht verborgen geblieben, dass ich eine Liaison mit dem 30 Jahre älteren Regisseur Wilhelm Semmelroth angefangen hatte.

Die Geschichte hatte das Potenzial zu einem handfesten Skandal, sollte sie an die Öffentlichkeit kommen.

Wilhelm Semmelroth war schließlich verheiratet und ich eine kleine Komparsin, die in einem gewissen Abhängigkeitsverhältnis stand.

Es dauerte nicht lange, bis Mutter mit einem Ultimatum in der Tür stand. »Entweder du kommst zurück nach Hamburg und arbeitest halbtags im Geschäft. Den anderen halben Tag kannst du ja meinetwegen Schauspielunterricht nehmen. Oder ich werfe Semmelroth der Presse zum Fraß vor.« Meine Mutter kannte über ihre Hamburger Verbindungen Henri Nannen vom Stern, ihre Drohung war also nicht ganz aus der Luft gegriffen. Beim Gehen schleuderte sie mir noch entgegen, dass dieser 30 Jahre ältere Mann doch eher etwas für sie als für mich sei.

Auf gar keinen Fall wollte ich diesem Mann schaden und packte schweren Herzens meine Koffer, um gezwungenermaßen zur Mutter zurückzukehren.

Unser vermeintlich letzter Abend

Am Abschiedsabend lud uns Willy Millowitsch zu seiner Geburtstagsparty ein. Wir gingen Willy zuliebe zu seinem Fest, zum Feiern war uns aber ganz und gar nicht zumute. Willem saß den ganzen Abend melancholisch mit Lucy Millowitsch, der Schwester von Willy, am Flügel, zusammen spielten sie todtraurige Lieder.

Am nächsten Morgen rief völlig unerwartet Mutter an und erklärte, dass sie mit einem Psychologen gesprochen hätte. Dieser Psychologe hätte ihr sehr davon abgeraten, mich so kurz vor meiner Volljährigkeit mit Gewalt nach Hamburg zurückzuholen.

»Selbstverständlich erwarte ich von dir, dass du kommst. Wenn aber du nicht willst, zwinge ich dich nicht«, so Mutter. Das musste sie mir nicht zweimal sagen. Ich entschied mich sofort für Köln. Und für Willem.

Die Aufnahmeprüfung

Willem hatte mir sehr schnell klar gemacht, dass ich in diesem schweren Beruf nur mit einer erstklassigen Ausbildung überhaupt eine Chance haben würde, also meldete ich mich an der Westfälischen Schauspielschule Bochum zur Aufnahmeprüfung an. Zu der Zeit war die Bochumer Schule die beste, die es in Deutschland gab und glücklicherweise auch noch eine staatliche Schauspielschule. Ich war auf ein Stipendium angewiesen, weil sich Mutter kategorisch weigerte, auch nur einen Pfennig zu meiner Ausbildung beizu-steuern.

Bei der Anmeldung erfuhr ich, dass ich für diese Prüfung drei Rollen vorbereiten musste. Willem suchte diese Vor-sprechrollen für mich aus und probte mit mir wie er es mit seinen erfahrenen Schauspielern am Theater gewohnt war.

Die erste Rolle war die Klara aus *Maria Magdalena* von Friedrich Hebbel. In der Rolle bittet Klara Leonhard, der sie geschwängert hatte, sie zu heiraten, um ihrem Vater die Schande zu ersparen.

Heirate mich Leonhard. Ich will dir dienen, ich will für dich arbeiten, und zu essen sollst du mir nichts geben, ich will mich selbst ernähren, will bei Nachtzeit nähen und spinnen, ich will hungern wenn ich nichts zu tun habe. Wenn du mich schlägst, weil dein Hund nicht bei der Hand ist, so will ich eher meine Zunge verschlucken als ein Geschrei ausstoßen, das den Nachbarn verraten könnte, was vorfällt. Ich kann nicht versprechen, dass meine Haut, die Striemen deiner Geißel nicht zeigen soll, aber ich will lügen, ich will sagen, dass ich mit dem Kopf gegen den Schrank gefahren bin...

Die Passage endet mit:

Heirate mich – ich lebe nicht lange. Und wenn's dir doch zu lange dauert und du die Kosten der Scheidung nicht auf-wenden magst, um von mir loszukommen, so kauf Gift aus der Apotheke und stell's hin, als ob's für deine Ratten wäre, ich will's, ohne dass du auch nur zu winken brauchst, neh-men und im Sterben zu den Nachbarn sagen, ich hätt's für zerstoßenen Zucker gehalten!

Wieder und wieder probten wir diese Szene. Ich fand es un-würdig, vor diesem Leonhard auf den Knien rumzurutschen.

Als blutige Anfängerin konnte ich die Privatperson Jutta von der Rolle Klara noch nicht trennen und genierte mich, solche devoten Gefühle zu zeigen.

Meine zweite Rolle war Scampolo, eine Rolle, in der Romy Schneider brilliert hatte. Als wäre ich durch meine Klara nicht schon frustriert genug gewesen, wurde mir bei dieser Rolle schmerzlich bewusst, dass Leichtigkeit noch sehr viel schwerer überzeugend darzustellen ist als große Dramatik. Den Abschluss machte die Lady Milford aus Schillers *Kabale und Liebe*.

Mit meinen drei Vorsprechrollen im Gepäck fuhr ich zur Aufnahmeprüfung nach Bochum. 400 Mädchen und Jungen hatten sich für die 16 Plätze beworben.

Bei meinen Vorbereitungen war ich mir trotz meines starken Sprachfehlers noch ganz sicher, dass ich einen dieser begehrten Plätze bekommen würde. Ich lispelte nämlich. Als ich meine Konkurrentinnen sah, überkam mich ein mulmiges Gefühl. Ich hatte mich dezent geschminkt und trug einen schwarzen Hosenanzug. Meine Kommilitoninnen traten auf wie Hohepriesterinnen der Kunst und legten sehr großen Wert darauf, möglichst intellektuell auszusehen. Große dunkle Brille, schwarze Klamotten, wie die Existenzialisten sie trugen, und eine Zigarette zwischen den Fingern.

Einer der fortgeschrittenen Schüler erahnte wohl, was mir durch den Kopf ging und setzte sich neben mich auf den Boden. Er sah mich mit seinen freundlichen brauen Augen an und sagte: »Mach dir keine Sorgen, die nehmen dich.« Der nette junge Mann war Amadeus August, der später in vielen Fernsehserien mitspielte und 1992 mit gerade mal 50 Jahren an Aids starb.

Dann war ich dran. Zum ersten Mal ganz alleine auf einer großen Bühne. Ganz hinten im Zuschauerraum saß Professor Hans Schalla, der Intendant des Bochumer Schauspielhauses, zusammen mit dem gesamten Lehrerkollegium.

Ich kämpfte mich mühsam durch die Klara und durch Scampolo. Man möchte nicht meinen, wie viele S- und Sch-Laute so ein Text enthalten kann. Auf dem Weg zurück nach Köln war ich mir sicher, dass dieser große Traum in den wenigen Minuten auf der Bühne für immer zerronnen war.

Vierzehn Tage später lag der Brief der Bochumer Schauspielschule in meinem Briefkasten. Mit zittrigen Händen riss ich den Umschlag auf. Bestanden! Angenommen!

Die Einschränkung kam im nächsten Satz. Sollte ich herausstellen, dass dieser Sigmatismus binnen der drei Jahre nicht reparabel sein würde, müsste ich bereits nach drei Monaten die Schule wieder verlassen.

Drei Monate ... Ich hatte keine Ahnung, wie steinig dieser Weg werden würde.

Finanzspritze

Einen der begehrten Studienplätze zu bekommen, war die eine Sache. Eine ganz andere war es, die Zeit während meines Studiums zu finanzieren.

Ich hatte mich für ein Stipendium nach dem Honnefer-Modell beworben und die Zusage nach drei Monaten auch tatsächlich bekommen. Der Vorläufer des heutigen BAföGs sicherte mir 280 DM im Monat und das Schulgeld, für das noch einmal 80 DM fällig gewesen wären. Rechnete ich meine festen Kosten wie Miete, Strom und Wasser weg, blieben mir noch 1,28 DM am Tag, die ich für Essen ausgeben konnte.

Ich war immer noch keine große Esserin, 1,28 DM waren dann doch ein bisschen wenig, sodass mir sehr schnell klar war: ein Zuverdienst musste her.

Die erste Gelegenheit bot sich mir noch vor Studienbe-
ginn und hätte mich beinahe in die Bredouille gebracht.

In meiner Zeit bei Marlies Scholz hatte ich ein Mädchen
kennengelernt, das noch kleiner war als ich und dadurch als
Model noch weniger Chancen hatte.

Eines Tages erzählte sie mir, dass sie sich bei der Mode-
marke Chiwitt beworben hatte, um Mode für den französi-
schen Markt vorzuführen. Chiwitt produzierte sehr viel für
die zarten Französinnen, ein grazileres Model war deshalb
genau das richtige für deren Kollektion. Es ging um einen
Job für die Berliner Durchreise, Igedo in Düsseldorf und die
Modewoche in München.

Meine Kommilitonin bekam einen Termin für ein Vor-
stellungsgespräch und bat mich, sie mit meinem uralten
weißen Fiat 500 nach Düsseldorf zu fahren.

Ich ging mit rein und hielt mich aber im Hintergrund.

Der Chef, Herr Chiwitt, musterte meine Freundin von
allen Seiten und schüttelte den Kopf. »Sie sind nicht der
Typ, den wir suchen.« Er entdeckte mich in der Ecke und
rief: »Kommen Sie doch mal her. Ziehen Sie mal ein Kleid
von uns an!« Mir wäre es gar nicht in den Sinn gekommen,
mich für die Stelle zu bewerben, ich hatte ja die Zusage für
die Schauspielschule schon in der Tasche und wusste, dass
sich die Termine überschneiden würden.

Von einer Minute auf die andere hatte ich ein richtiges Luxusproblem. Ich hatte einen gut bezahlten Model-
Job, mit dem ich in wenigen Wochen einige tausend Mark
verdienen konnte und einen Studienplatz auf der besten
staatlichen Schauspielschule. Unglücklicherweise legte die
Schule großen Wert auf Pünktlichkeit und Zuverlässigkeit
und die Modefirma großen Wert darauf, die gesamte Durchreise vom selben Model absolvieren zu lassen, da die Kleider auf Figur geschneidert wurden. Der gordische Knoten
ließ sich nur mit einem ärztlichen Attest durchschlagen. Ich

schilderte einem Arzt die missliche Lage, er verstand mein Problem und meinte mit väterlicher Stimme: »Liebes Fräulein Kammann, jetzt ziehen Sie sich mal aus.« Ich öffnete meine Bluse. Er hörte mich prüfend ab und sagte: »Fräulein Kammann, Sie haben sich eine schwere Rippenfellentzündung zugezogen. Es tut mir leid, ich muss Sie leider krankschreiben.« Dem Arzt bin ich heute noch dankbar. Ohne seine Hilfe und das finanzielle Polster, das ich mir dadurch zulegen konnte, wäre mein Studium sehr viel schwerer durchzustehen gewesen.

Jutta, die Schauspielschülerin

Mein Jahrgang war die letzte brave Klasse, die noch widerspruchslos das machte, was die Lehrer anordneten. Dann kamen die 68er auch in Bochum an, diskutierten und hinterfragten. Manchmal so intensiv, dass der Rollenunterricht ganz ins Hintertreffen geriet. Die vielen Diskussionen schienen nicht zu sehr geschadet zu haben, denn auch diese Klasse brachte großartige Schauspieler wie Christian Redl und Walter Kreye hervor.

Unser Schultag begann 8 Uhr morgens mit einer Stunde Gymnastik auf dem harten Holzfußboden. Sechs Frauen und 10 Männer vollführten das, was in späteren Jahren Streching hieß und uns für den Tag bereit machen sollte.

Als nächstes waren die technischen Fächer an der Reihe. Zuerst stand eine halbe Stunde Stimmbildung auf dem Programm, von uns Schülern nur Folterkammer genannt. Der Kurs dauerte 30 Minuten, länger hielt niemand durch. Ziel der Übung war es, in unsere dünnen Stimmchen Volumen zu bringen. Tiefer und tragender wird die Stimme aber nur, wenn man es schafft, den Ton aus dem Zwerchfell und nicht aus dem Hals kommen zu lassen und dazu ist eisernes Training notwendig.

Eine Übung bestand nun beispielsweise darin, an Reckstangen hängend die Beine hochzuziehen, um die Rumpfmuskulatur zu stärken. Bei einer anderen Übung mussten wir Kerzen ausblasen. Die Kerzen wurden immer weiter weggeschoben, sodass richtiges Atmen nötig war, um die Flammen zu löschen.

Nach der Stimmbildung hatten wir Sprecherziehung für die Artikulation.

Wenn alle anderen in die Pause durften, begann mein Sonderunterricht bei Frau Dr. Grete Keienburg-Weller. Jeden einzelnen Tag machte sie mit mir Übungen. Drei Jahre kontrollierte ich auch im privaten Bereich bei jedem Wort, ob meine Zungenstellung korrekt war und wiederholte den Satz langsam.

Nachmittags waren wir alle wieder zusammen. Auf dem Stundenplan standen Rollenstudium, Fechten, Jazztanz, Musical, Theaterwissenschaften und Kunst- und Kulturgeschichte. Bühnenfechten mochte ich besonders gerne. Dabei ging es nicht darum, den Gegner zu treffen, sondern eine vorher genau einstudierte Choreografie umzusetzen.

Meine Fechtkünste durfte ich bereits bei der Silvesterpremiere im großen Schauspielhaus in Bochum zeigen. Im *Liebestrank* von Frank Wedekind spielte ich einen der beiden kleinen Jungs. Zu dieser glamourösen Veranstaltung hatte ich meinen Vater und seine Frau eingeladen, ihn aber darauf hingewiesen, dass auch Wilhelm Semmelroth da sein würde. Vater und seine Frau waren bis zu diesem Zeitpunkt vehement gegen meine Verbindung mit Willem und ließen mich das auch deutlich spüren. Vater fand es schon zutiefst unmoralisch, wenn mich dieser ältere, verheiratete Mann vor seiner Haustür absetzte, mehr wollte er sich wahrscheinlich gar nicht vorstellen. Seine größte Sorge war, was die Nachbarn darüber denken würden.

Am Tag der Premiere fuhren Willem und ich zu meinem Vater, um die beiden abzuholen. Willem hatte, ganz der gute Schwiegersohn, einen Blumenstrauß für die Dame des Hauses dabei. Vaters Frau hatte eine Kaffeetafel gedeckt und Kuchen gebacken. Zu viert saßen wir am Tisch, meine Stiefmutter neben mir. Während sich die Männer über Richard Wagner unterhielten, puffte mir meine Stiefmutter immer wieder mit ihrem Ellenbogen in die Rippen und flüsterte mir ins Ohr: »Das ist ja ein Weltmann.« Von diesem Tag an war das Eis gebrochen.

Einer meiner Lieblingskollegen für die Partnerübungen war Bernd Birkhahn, der später viele Jahre am Burgtheater in Wien auf der Bühne stand und immer noch zum Ensemble gehört.

Mit Bernd durfte ich eine der Szenen in Satres *Schmutzige Hände* erarbeiten. Er der Hugo, ich die Olga. Eigentlich ist das zweite Weltkriegsstück alles andere als lustig, trotzdem bekamen Bernd und ich bei einer Übungsvorführung einen unkontrollierbaren Lachkrampf. So sehr wir uns auch bemühten wieder ernst zu werden, wir konnten nichts dagegen machen. Unser Lehrer meinte nur scherzhaft: »Kinder das wird nix mehr. Hört auf, aber reißt euch bei der Zwischenprüfung zusammen.«

Willem tat in Köln das Seinige, dem Schicksal auf die Sprünge zu helfen.

Er inszenierte gerade in Köln das Stück *Kollege Crampton* von Gerhart Hauptmann und konnte mir deshalb in Bochum nicht beistehen. Punkt drei rief er aus dem Regieraum ins Studio: »Alle mal herhören. Und jetzt eine Minute stillstehen und feste für Kiki die Däumchen drücken! Kiki hat im Moment Zwischenprüfung.« Willems Schauspieler drückten so intensiv, dass ihre Fingerknöchel weiß wurden.

Ob Prof. Schalla von unserem Schauspiel überzeugt war oder die vereinten positiven Kräfte aus Köln den Ausschlag gegeben haben – wer weiß das schon. Wir waren einfach nur froh darüber, die Prüfung bestanden zu haben und weiterstudieren zu dürfen.

Aus Jutta wird Kiki

So sympathisch mir Wilhelm Semmelroth vom ersten Augenblick an war, so schwer kam mir sein Name über die Lippen. Am Set wurde er nur Semmel genannt. Einige Freunde nannten ihn kaiserlich-preußisch Wilhelm. Für mich war dieser charmante Mann weder ein altmodischer Wilhelm noch ein Semmel.

Dann kam der Tag meiner Volljährigkeit. Wilhelm lud mich als Geburtstagsgeschenk zu einer kleinen Reise nach Holland ein. Wie jedes Jahr im März blühten auf dem Keukenhof Abertausende Tulpen in allen Farben.

Inmitten der Tulpenfelder kam mir die Eingebung: Willem. Holländisch. Nicht Wilhelm. Preußisch.

»Für mich bist du dann Kiki«, meinte er. Von dem Moment an nannte er mich nur noch so, und bald darauf war ich für alle Kiki. Als Kind wollte ich unbedingt einen Kosenamen haben und so war ich hellauf begeistert, nun als erwachsene Frau endlich einen bekommen zu haben.

Mein richtiger Name geriet dabei leider so sehr in Vergessenheit, dass es Jahre später bei dem Fernsehfilm *Eine Tote soll ermordet werden* zu einer kuriosen Situation kam. Siegfried Lowitz, der im Film die Rolle des Kriminalinspektors Keith Kendrick spielt, wurde in einem Rundfunkinterview während der Dreharbeiten gefragt, wer denn sonst noch mitspielen würde. Er zählte auf: Ruth Maria Kubitschek, Anaid Iplicjian, Harald Dietl, Günter Mack. Und Kiki. Verschossen! So würde ich nie bekannt werden. Der Kosename haftete mir in Schauspielkreisen die nächsten 30 Jahre und bei manchen noch sehr viel länger an. Ellen Schwiers nannte mich bis zu ihrem Lebensende Kiki. Sie war nicht dazu zu bewegen, nach Willems Tod meinen richtigen Namen zu verwenden, obwohl ich allen sehr deutlich gesagt hatte: »Kiki, das war die Ära mit Willem. Jetzt bin ich wieder Jutta Kammann.«

Viele Jahre später erfuhr ich, dass Willem während seiner Zeit in der Résistance einen kleinen Hund hatte, der Kiki hieß. Ein Glück, dass ich das nicht früher erfahren habe.

Der krönende Abschluss

Für die Abschlussprüfung mussten wir fünf Szenen vorbereiten, die gleichzeitig die Vorsprechrollen für ein zukünftiges Theaterengagement sein sollten.

Als einzige Absolventin durfte ich schon vor Beendigung der Ausbildung außerhalb der Bochumer Bühnen spielen. An den Düsseldorfer Kammerspielen hatte ich eine große Rolle in Peter Handkes *Kaspar*. Handke war ein junger aufstrebender Autor, bekannt geworden war er durch sein Stück *Publikumsbeschimpfung*. Völlig abgehetzt und in letzter Minute kam ich nach einer Probe mit meinem alten R4 in Bochum an. Ich schleuderte meine Jacke auf einen Stuhl und trat auf die Bühne.

Das Gremium forderte mich auf, die Carol aus *Orpheus steigt herab* von Tennessee Williams vorzutragen. Ich freute mich, denn die Streunerin *Carol* war eine meiner Lieblingsrollen. Die ersten Sätze gingen mir noch flüssig über die Lippen. Dann war alles weg. Einfach weg. Ich hatte nicht den blassesten Schimmer, was Carol hätte sagen sollen und wollen.

Professor Schalla sah meine Not und rettete mich, indem er die Prüfung einfach beendete: »Hat jemand noch eine theoretische Frage? Nein? Kammännchen, pass auf, hast bestanden. Kannst abhauen.«

Schalla nahm mir den Aussetzer nicht krumm und sang auf der Abschlussfeier eine wahre Lobeshymne auf mich und meinen besiegten Sprachfehler. Ich war zu Tränen gerührt.

Der Professor war trotz meines Prüfungsversagens so überzeugt von meinem Talent, dass er mich unbedingt als Nachwuchs-Schauspielerin in Bochum behalten wollte, das aber wollte ich nicht. Ich wollte keine ewige Studentin sein, sondern endlich eine richtige Schauspielerin.

Meine ersten Schritte als richtige Schauspielerin

Das Vorsprechen für mein erstes richtiges Theater-Engagement in Marburg an der Lahn war die reinste Katastrophe. Mit meinem klapprigen R4 fuhr ich verbotenerweise Montagfrüh von Köln nach Marburg. Verboten deshalb, weil es ein unumstößliches Gesetz war, sich am Theater abzumelden und einen Urlaubsschein zu beantragen, wenn man die Stadt verlässt. Diese Regel gilt übrigens bis heute. Der Grund dafür ist einfach und leicht nachvollziehbar: Kommt es zu einer kurzfristigen Spielplanänderung, muss das Haus wissen, wo sich die Schauspieler aufhalten, um sie sofort davon in Kenntnis zu setzen.

Ich hätte also in Bochum sein müssen, anstatt das Wochenende bei Willem in Köln zu verbringen und hätte natürlich auch nicht ohne Urlaubsschein nach Marburg fahren dürfen.

In Marburg empfing mich der Intendant Heinrich Buchmann mit den Worten: »Ich weiß nicht, ob Sie Zeit zum Vorsprechen haben, Sie haben doch heute Abend Vorstellung.«

In Bochum war wegen einer erkrankten Kollegin der Ernstfall eingetreten und ein anderes Stück auf den Spielplan gesetzt worden. In dieser Aufführung hatte ich eine

Rolle, war aber nirgends aufzufinden. In ihrer Verzweiflung riefen die Bochumer sogar bei Willem in Köln an, der sie daraufhin über mein Vorsprechen in Marburg ins Bild setzte. So kam es, dass Heinrich Buchmann von meiner Abendvorstellung wusste, ich aber nicht.

Buchmann ließ mich noch ein paar Zeilen vorsprechen, dann rannte ich zu meinem R4 und fuhr wie eine Furie über die nebligen Landstraßen zurück nach Bochum. Blut und Wasser habe ich auf den 200 Kilometer geschwitzt, bin aber tatsächlich noch pünktlich im Schauspielhaus abgekommen.

Die Bochumer Chefdramaturgin fand meinen Ausflug gar nicht lustig und faltete mich nach der Vorstellung nach allen Regeln der Kunst zusammen. Herr Buchmann aus Marburg hingegen schien von meiner Chuzpe beeindruckt gewesen zu sein und engagierte mich.

Ein bitteres Wiedersehen

Meine Mutter war ein sehr schwieriger Mensch. Als Kind und auch als Jugendliche begriff ich nicht, dass sie nicht nur meiner Schwester und mir das Leben zu Hölle machte, sondern auch mit ihrem eigenen Leben nicht zurechtkam. Es gab zwar nie eine Diagnose, zumindest keine, von der ich erfahren hätte, über die Jahre hinweg gelang es mir aber, ihre unkontrollierten Wutausbrüche als Ausdruck einer psychischen Erkrankung zu erkennen und im Nachhinein doch ein klein wenig Verständnis für ihre emotionalen Ausnahmezustände zu entwickeln.

1969 aber konnte ich das noch nicht.

Ich hatte die ersten erfolgreichen Engagements und war zu einem Casting nach Hamburg eingeladen worden, wo für eine TV-Serie ein kräftiges Bauernmädchen gesucht wurde. Der Regisseur suchte eine Unschuld vom Lande – die Rolle bekam ich nicht, was mich aber nicht sonderlich betrübte.

Ich hatte eine erstklassige Schauspielausbildung erfolgreich abgeschlossen, hatte die ersten Rollen gespielt, ein festes Theaterengagement und wusste, dass ich auf dem richtigen Weg war. In Hamburg wollte ich nun die Gelegenheit nutzen und nach über vier Jahren, in denen Mutter und ich uns nicht gesehen hatten, bei ihr vorbeischauen.

Ich wollte ihr von meinen ersten Erfolgen erzählen, wollte ihr beweisen, dass ich entgegen ihrer Prognosen nicht in der Gosse gelandet war. Nun war ich mutig genug, mich endlich mit ihr auszusöhnen.

Ohne mich vorher anzukündigen, fuhr ich in die Blumenau, um sie zu überraschen. Das Herz klopfte mir bis zum Hals, als ich den Klingelknopf drückte. Die Frau, die mir öffnete, erkannte ich im ersten Moment kaum. Vor mir stand eine verwahrloste, aufgedunsene, alte Frau. Wie konnte es sein, dass meine Mutter, die immer wie aus dem Ei gepellt und so großen Wert auf modische Kleidung und Eleganz gelegt hatte, so heruntergekommen war?

Sie sah mich von oben bis unten an und sagte: »Und? Glaubst du, dass ich dich reinlasse?«

Ihr erbärmlicher Auftritt zerriss mir das Herz. Ich fiel ihr schluchzend um den Hals, schließlich weinte auch sie.

Wir setzten uns in ihr unordentliches Wohnzimmer und redeten. Ich erzählte ihr von meinen ersten Schauspielerfolgen und von meinem Sprachfehler, den ich besiegt hatte. Ich erzählte ihr von meinen ersten Theaterrollen, Fernsehauftritten und von Autogrammen, die ich hatte geben dürfen. Ich war auf dem richtigen Weg. Mutter schaute mit seltsam entrückten Augen ins Leere und meinte nur: »Du darfst keine Autogramme geben. Wenn du als Schauspielerin Talent hast, ist das eine Gabe, die Gott dir gegeben hat und damit darfst du nicht eitel umgehen.« Mutter war nie gläubig gewesen.

Sie erzählte mir, wie es ihr in den letzten vier Jahren ergangen war. Alle hätten sie hintergangen und über's Ohr gehauen. Das Geschäft hätte man ihr weggenommen. Das sei aber Schnee von gestern, inzwischen sei sie dabei, ein Buch über Konfektionen und Mode zu schreiben. Das Problem sei lediglich, dass sie nicht an die richtigen Hintergrundinformationen herankäme. Ich bot ihr an, einen Kontakt zum Bestsellerautor Ernst von Salomon herzustellen. Von Salomon war ein enger Freund von Willem und ich war mir sicher, dass er ihr weiterhelfen konnte.

Sie lehnte mit der Begründung ab, dass sie das Modebuch eigentlich gar nicht mehr interessieren würde, denn nun würde sie schon an einem philosophischen Werk schreiben. Das Buch sollte vom Tod einer Frau handeln, die in den letzten 10 Tagen ihres Lebens jeden Tag einem anderen Menschen, der ihr wichtig war, eine Rose schickte. Ich hätte begreifen müssen, dass Mutter mit dem Leben abgeschlossen hatte und mir in verklausulierter Form von ihrem geplanten Suizid erzählte. Damals fand ich ihre Geschichte weltfremd und kitschig, wie ein billiger Groschenroman von Courths-Mahler.

Lange blieb ich nicht. Wir hatten keine gemeinsamen Themen, keine gemeinsame Sprache mehr.

Ich verabschiedete mich von ihr und versprach bald wiederzukommen. »Ja, ja, komm' nur.« Das waren die letzten Worte, die ich von meiner Mutter hörte. Sie schloss die Tür, noch ehe ich mich umgedreht hatte. Mit Tränen in den Augen verließ ich das Haus.

Mutters letztes Vermächtnis

Ein Vierteljahr später klingelt es an der Tür eines Hamburger Richters. Ein Bote überreichte ihm einen Strauß roter Rosen und einen Brief dazu. Im Kuvert lagen ein Schlüsselbund, ein Testament und ein Zettel mit einer kurzen Notiz.

»Wenn Sie diesen Brief lesen, bin ich seit Wochen tot. Es wird Zeit, dass sie mich aus der Wohnung holen. Bitte verursachen Sie kein Aufsehen. Rose Kammann, Blumenau 63«.

Der Richter informierte sofort die Polizei und ließ die Wohnung öffnen. Ein beißender Geruch schlug ihnen entgegen. Die Wohnung war picobello aufgeräumt, in der Küche war der Tisch mit zwei Tassen, Tee, Kaffee und Keksen gedeckt. Daneben ein Zettelchen: »Für die Beamten, die mich finden.« Im Schlafzimmer lag Mutter angezogen auf dem Bett, neben sich auf dem Nachttisch Schlaftabletten und eine leere Flasche Schnaps.

In der Wohnung fand sich kein Stückchen Papier, auf dem die Polizisten einen Hinweis auf das Leben dieser Frau hätten finden können.

Die Nachbarn erzählten später, dass meine Mutter wochenlang unermüdlich Dinge aus der Wohnung und auf den Müll geschleppt hatte. Kein Foto, keine Urkunde, kein Dokument waren mehr übrig. Unsere Boxerhündin Janka hatte sie ihrem ehemaligen Lageristen geschenkt.

Im Testament, das dem Richter zugegangen war, stand: »Angehörige habe ich nicht, ich vermache alles »Brot für die Welt«. Ich möchte in einem anonymen Grab beigesetzt werden«.

Bei dieser Anordnung wollte es der Richter nicht bewenden lassen. Er fand über das Blumengeschäft heraus, dass Mutter noch einen zweiten Blumenstrauß bestellt hatte, der am selben Tag wie seiner an eine Freundin meiner Mutter geliefert wurde. Über diese Freundin brachte der Richter in Erfahrung, dass Rose Kammann zwei Töchter hatte, die irgendwo in Deutschland lebten und es in Bochum eine Frau gäbe, die Kontakt zur jüngeren hätte.

Ein paar Tage später ereilte mich in Marburg ein Telegramm von Tante Hildegard aus Bochum: »Liebes, ruf mich bitte sofort an!«

Ein eigenes Telefon konnte ich mir nicht leisten, und so erfuhr ich vom Tod der Mutter in einer Telefonzelle. Ich rief meine Schwester Gisela an, die den Selbstmord unserer Mutter mit den Worten kommentierte: »Na, dann hat sie es ja endlich mal geschafft.« Der letzte, finale Suizidversuch, war der vierte, den sie im Laufe der Jahre begangen hatte.

Die Art und Weise, wie Mutter aus dem Leben gegangen war, hat mich zutiefst getroffen. Mutter muss sich von der Welt unendlich schlecht behandelt gefühlt haben, sonst hätte sie ihrem Leben kein solch dramatisches Ende bereitet.

Von dieser Frau, die mich noch in ihrem Abschiedsbrief verleugnete, wollte ich keinen Pfennig erben, auch nicht den Pflichtteil, der mir gesetzlich zustand. Die Nachlassverwalterin, eine verständnisvolle Frau, überzeugte mich vom Gegenteil: »Mädchen, seien Sie nicht dumm. Sie stehen am Anfang eines sehr schwierigen Berufes und können jede Mark gebrauchen. Respektieren Sie den Wunsch ihrer Mutter, anonym beerdigt zu werden und nehmen Sie das bisschen Geld an.«

Die 4000 DM, die ich als Pflichtteil bekam, konnte ich weiß Gott noch gut gebrauchen.

An guten Tagen kann ich meiner Mutter inzwischen meine schwere Kindheit verzeihen. Nicht zu wissen, wo sie bestattet wurde, hat mich jahrelang bedrückt. Eines aber erschreckt mich: Wenn ich heute in den Spiegel schaue, sehe ich das Ebenbild meiner Mutter.

Von der Lahn an die Spree

Lang blieb ich nicht in Marburg, was nicht am Theater oder an den Kollegen lag, sondern an den Abstechern, die bei einer Landesbühne zum Alltag gehören.

Mit einem VW-Bus reisten wir in die hessischen Gemeinden und spielten jeden Abend in einer anderen Turnhalle. Nachts ging es im Bus wieder zurück nach Marburg und am nächsten Vormittag zur Probe für das neue Stück. Im Bus wurde mir regelmäßig übel, auch wenn ich selbst sehr gerne und beherzt hinterm Steuer sitze.

Berlin! Berlin schien mir deshalb der richtige, nächste Schritt. Woher ich den Mut nahm, einen Brief an Boleslaw Barlog, den Generalintendanten der Staatlichen Schauspielbühnen Berlin, des Schiller- und Schlosspark-Theaters zu schreiben, weiß ich bis heute nicht. Aber ich tat es.

»Lieber Herr Barlog, ich bin Absolventin der Westfälischen Schauspielschule in Bochum und bin in meinem ersten Engagement in Marburg an der Lahn, würde aber viel lieber zu Ihnen kommen. Was halten Sie davon?«

Er antwortete: »Liebes Fräulein Kammann, die Idee ist ja ganz gut, sie müssten aber bei uns vorsprechen.«

Die Briefe gingen noch ein paarmal hin und her.

Er bat mich schließlich um einen Terminvorschlag, weil er wusste, dass ich mich in Marburg während der Spielzeit nur schlecht loseisen konnte. Ich machte also einen Vorschlag, der aber prompt mit einem seiner Termine kollidierte. Sein freundliches Angebot, mit seinem Stellvertreter vorlieb zu nehmen, wollte ich auf keinen Fall annehmen. Also erfand ich einfach eine Terminverwechslung und hoffte darauf, doch noch bei ihm vorstellig werden zu dürfen. Er ahnte wohl schon, dass die Terminverwechslung eine Ausrede war und gab mir einen Termin unter Vorbehalt. Wenn er Zeit hätte, würde er mit mir reden, versprechen könne er es aber nicht.

Die Chance, auch wenn es nur eine kleine war, wollte ich mir auf keinen Fall entgehen lassen. Mit meinem kleinen R4 fuhr ich nach Berlin.

Der nächste Tag sollte über meine Zukunft entscheiden.

odenschau im Kaufhof im Alter von acht Jahren

de des 1. Schuljahres

Erstkommunion

Als Model, 1964 Köln

Als Model, 1965 Köln

1965
Mit Willem in Opatja

1971 Berlin

1972 Berlin, Anhalter Bahnhof

1972 »Eine Tote soll ermordet werden«, mit Sigfried Lowitz
Günter Mack, Ruth Maria Kubitschek und Wilhelm Semmelroth (v

1975 »Die Affaire Lerouge«

1974 »Der Monddiamant«
Mit Theo Lingen, Jutta Kammann, Paul Dahlke (v.l.)

1980 »Lucilla« (Fernsehfilm)
Regieanweisung von Willhelm Semmelroth

Komödie im Bayrischen Hof: »Lea«
Zusammen mit Ruth Maria Kubitschek

1982 »Lady Windermeres Fächer«
Mit Sonja Ziemann

1981
Urlaub auf Ischia

1981
Vater Franz mit den Töchtern Jutta und Gisela

1983
Mit Willem im Biergarten am Ammersee

1989
Mit Willem in Venedig

2004
Mit José Carreras in der Leipziger Uniklinik

2006 »In aller Freundschaft«
Mit Klaus Jürgen Wussow und Kameramann Jürgen Heimlich

2007 »In aller Freundschaft«
Mit Kameramann Jürgen Heimlich und Freddy Quinn

›Gefährliche‹ Dreharbeiten zu »In aller Freundschaft« am Abgrund

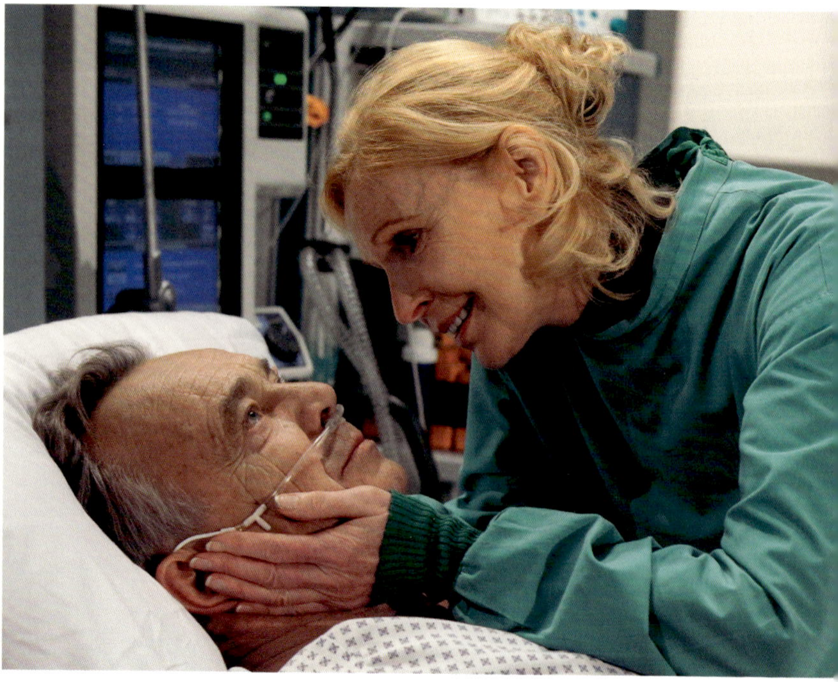

»In aller Freundschaft« mit Dieter Bellmann

Mit Rolf Schimpf im Augustinum

Mit Schwester Gisela

Freundinnen
Gilla Schäfer und
Mia Springer

*Mit Augenarzt Prof. Michael Koss
und Dokumentarfilmer Alexander Riedel*

Dreharbeiten mit Dokumentarfilmer Alexander Riedel auf Sylt

2017
Rede der Botschafterin beim Festakt in der Langau

Die große Bühne am Schiller Theater oder weiterhin die Turnhallen in Hessen.

Mit zitternden Knien nahm ich den Personaleingang des Schiller Theaters, fragte mich durch bis zu Barlogs Büro und scheiterte beinahe am Vorzimmer.

Während mir Barlogs Sekretärin wortreich erklärte, dass der Generalintendant keine Zeit für mich hätte, ging plötzlich die Tür auf und Barlog stand im Türrahmen. Er schaute mich von oben bis unten an und sagte: »Kick mal, ne zweite Diana Körner«. Diana Körner war zu dieser Zeit ein aufgehender Stern am Schauspielhimmel. So wie ich, war sie in Bochum ausgebildet worden und gehörte 1966 bis 1969 zum Berliner Ensemble Barlogs.

Ich wollte aber keine zweite Diana Körner sein, sondern eine erste Jutta Kammann. Freundlich aber bestimmt ließ ich ihn wissen, dass ich diesen Vergleich nicht mochte.

Boleslaw Barlog lachte, bat mich in sein Büro und machte mir Mut für's Vorsprechen. Hertha, seine Frau, brachte Kekse und Tee, wir redeten über meine Mutter, den Grund, warum ich Schauspielerin geworden war und vieles andere.

Nach zwei Stunden schickte er mich auf die Probebühne. Unten saßen neben Barlog der Verwaltungsdirektor Moll und der Chefdramaturg Albert Bessler.

Nach meinen ersten zwei Rollen meinte Barlog aus dem Dunkel des Zuschauerraumes: »Begabt ist sie ja. Aber hat sie nicht einen kleinen S-Fehler?« Vor lauter Aufregung und Angst war ich wohl wieder in meine alten S-Gewohnheiten gefallen. Ich ging an die Rampe und sagte: »Ja, Herr Barlog, ich habe einen S-Fehler, aber er wird immer besser. Außerdem haben Sie ja auch einen S-Fehler.« Barlog lachte: »Das ist richtig, Kleene. Aber ick stehe nicht auf der Bühne.«

Ungefragt fügte ich noch hinzu, dass mir schon klar sei, dass er mir als Anfängerin nicht die ganz großen Rollen geben würde, mir das aber nicht so wichtig wäre. Nach ein paar Jahren am renommierten Schiller Theater würde ich diese Rollen an anderen guten Bühnen bekommen.

Barlog schickte mich in die Kantine, um sich mit den beiden anderen Herren zu beraten. Nach einer Stunde kam er und verkündigte mir, dass ich engagiert sei.

Mit dem Vertrag in der Tasche rief ich aus einer Telefonzelle bei Willem in Köln an. »Ich bin in Berlin und habe einen Zweijahresvertrag bei Boleslaw Barlog am Schiller Theater in der Tasche.« Er war sprachlos. Ich hatte ihm im Vorfeld nichts von meinen Plänen erzählt, denn ich wollte nicht, dass er zu viel Einfluss auf mich nahm. Einerseits fürchtete ich mich davor, von ihm entmutigt zu werden, andererseits hatte ich Angst ihn zu enttäuschen, sollte das Vorsprechen in die Hose gehen.

Nach unserem Gespräch schrieb Barlog ohne mein Wissen einen Brief an meine Mutter. Im Brief erzählte er von meinem Talent und meiner Zukunft an einer der besten Bühnen Deutschlands. Er bat sie, über ihren Schatten zu springen und den Kontakt zu mir wieder aufzunehmen.

Diese Nachricht hat sie nicht mehr erreicht. Der Brief wurde in ihren Briefkasten geworfen, während sie schon tot in der Wohnung lag. Die Nachlassverwalterin hatte ihn für mich aufgehoben.

Zufälle

Ungefähr vier Wochen nach meinem Vorsprechen saß Willem in Köln bei seinem Friseur. Wie bei Friseuren üblich, lagen zahlreiche Magazine für die Kundschaft aus. Auf dem Jugendmagazin »Jasmin« las Willem eine Überschrift, die ihn neugierig machte. Angekündigt war ein Interview mit Boleslaw Barlog.

Willen schlug das Heft auf und las:

Jasmin: Müssen Mädchen, die als Schauspielerinnen Karriere machen wollen, durch die Betten der Regisseure gehen?
Antwort Barlog: Beim Film ist das häufiger der Fall als beim Theater, aber auch Theater sind keine Klöster. Neulich kam eine junge Schauspielerin zu mir, eine süße rothaarige Person. Sie sah zauberhaft aus und trug einen atemberaubenden Minirock. Anscheinend konnte ich mein Entzücken nicht verhehlen, denn plötzlich sagte sie etwas, was ich seit Jahren nicht mehr gehört hatte. »Herr Barlog, eines möchte ich Ihnen gleich sagen! Wenn ich mit Ihnen schlafen muss, um einen Vertrag zu bekommen, fahre ich sofort wieder nach Marburg. Sie konnte sich ihren Vertrag holen.«

Willem kaufte sich das Heft am nächsten Kiosk, rief mich abends amüsiert an und las mir den Artikel vor. Er war mächtig stolz auf seine Kiki, und das konnte man selbst durch die Telefonleitung noch spüren.

Berliner Bühnen

Abend für Abend durfte ich als blutige Anfängerin mit den ganz Großen dieser Branche auf der Bühne stehen. Ich durfte miterleben, wie Schauspieler wie ein Martin Held oder Bernhard Minetti um jeden Ausdruck rangen.

Wenn ich auf der Probebühne für ein neues Stück probte und wusste, ich hatte eine Stunde Pause, schlich ich mich heimlich und verbotenerweise auf die Beleuchterbrücke der Hauptbühne, um mir die Proben der anderen Stücke anzusehen, während einige andere meiner jungen Kollegen und Kolleginnen die Zeit lieber in der Kantine verbrachten.

Meine Theaterjahre in Berlin haben mich mehr als alles andere beruflich geprägt.

In den vier Jahren, die ich in Berlin lebte, sah ich Willem nur an den Wochenenden, und auch da nicht immer.

»Kiki, ich will von dir nie den Vorwurf hören, dass du durch mich, der ich 30 Jahre älter bin, irgendetwas in deinem Leben versäumt hast.« Diesen Freibrief stellte er mir aus, bevor ich nach Berlin zog. Und obwohl ich nie an einer politischen Demonstration teilgenommen hatte, nie ein Haus besetzt habe und auch nie in einer Kommune wohnte, war ich doch in meinem Freiheitsdenken ein echtes Kind der 68er. Ich hatte das große Glück, genau in den 20 Jahren jung zu sein, in denen die Liebe frei war. Durch die Pille brauchten wir Frauen keine Angst vor einer ungewollten Schwangerschaft zu haben, Geschlechtskrankheiten waren Dank Penicillin behandelbar. Dann kam AIDS und mit der freien Liebe war es auch schon wieder vorbei. Berlin wurden meine wilden Jahre. Ich war jung und brauchte das Leben. Willem und ich liebten, respektierten und tolerierten uns. Natürlich wusste ich, dass Willem in Köln und anderswo seine kleinen Affären hatte, aber das konnte zwischen uns nichts kaputt machen. Wir waren uns auf unsere Art treu. Uns trug eine große Liebe, 30 Jahre lang.

Zu Barlog hatte ich noch lange nach meiner Berliner Zeit Kontakt. Er war zwar von eher kleiner Statur, menschlich aber ein Gigant. Während der Hitler-Zeit hat er, so erzählte er mir, ähnlich wie Gründgens, vordergründig mit den Nazis kooperiert und heimlich vielen Juden zur Flucht verholfen.

Snobby und die Mondlandung

20.7.1969. Die ganze Welt saß vor den Bildschirmen und sah, wie Neil Amstrong und Buzz Aldrin als erste Menschen den Mond betraten. Aus meiner Generation wird es kaum jemanden geben, der nicht sofort erzählen kann, was er an diesem Tag gemacht hat. Wir waren nach Süddeutschland gefahren, um einen Drahthaardackel, einen kleinen Bazi, für mich zu kaufen. In Bayern unterwegs, wollten wir diesen denkwürdigen Moment in München mit Willems Freund, Willy Lindberg, gemeinsam erleben. Zusammen mit den Männern saß ich im Wohnzimmer. Während Willem und Willy die ersten Schritte auf dem Mond gebannt verfolgten, war ich mit meinen Gedanken ganz wo anders. Ich war wütend und haderte mit der Welt, weil mein Traum vom Rauhaardackel erst einmal zerplatzt war. Der Züchter in Ingolstadt hatte nur lange, braune Jagddackel, aber so einen wollte ich nicht. Ohne meinen Bazi konnte mir auch der Mond gestohlen bleiben.

Am nächsten Tag fuhren wir in die Schwabinger Hundestube. Angeblich sollte es dort einen Rauhaardackel für mich geben. Der Dackel, den der Mann von der Stube hatte, sah aber auch nicht so aus, wie ich es mir vorgestellt hatte. Der Verkäufer sagte: »Einen anderen Dackel habe ich nicht. Aber ich habe noch so einen Pudel.« Er griff unter die Theke und holte ein kleines, schwarzes und extrem dreckiges Fellknäuel heraus und setzte es auf den Tisch. Ich sah den kleinen Schmutzbock und sagte trotzig: »Na gut, dann nehme ich eben den.« Das Tier war uns als 13 Wochen alter Zwergpudel verkauft worden, entwickelt sich aber im Laufe der nächsten Wochen zu einem normalen Mittelpudel. Der Verkäufer wusste sicherlich, dass das Tier erst sechs Wochen alt war, wollte sich aber wahrscheinlich das gute Geschäft nicht entgehen lassen.

Snobby, so nannten wir unser neues Familienmitglied, war ein Traum von einem Gefährten. Vom ersten Moment an verbrachte ich keinen Tag mehr ohne ihn, in guten wie in schlechten Zeiten.

In seinen letzten Lebensjahren ging es Snobby gesundheitlich wirklich schlecht, denn er hatte mit 13 Jahren in

Tirol sein Gehör verloren. Wir waren an Silvester extra auf eine Berghütte gefahren, um Snobby die Knallerei in der Stadt zu ersparen. Womit wir nicht gerechnet hatten war die Dorfjugend. Die Burschen bauten vor unserer Hütte einen riesigen Gefechtsstand auf und schossen ihre beachtlichen Raketenvorräte in den Himmel. Als wäre das nicht schon erschreckend genug gewesen, packten sie auch noch kubische Kanonenschläge aus und zündeten sie vor unserer Tür, sozusagen direkt vor Snobbys Ohren. Seine Trommelfelle platzten. Zurück in München versuchten wir mit allen medizinisch möglichen Mitteln, Snobbys Gehör zu retten. Erfolglos. Er war taub. Erstaunlicherweise lernte dieser kluge Hund von unseren Lippen zu lesen und Gesten zu deuten. Zu seiner Gehörlosigkeit kam mit den Jahren eine Herzschwäche, die dazu führte, dass es ihm mit 18 Jahren so schlecht ging, dass wir ihn einschläfern lassen mussten. An einem sonnigen Frühlingstag brachten wir ihn zu unserer Tierärztin. Die Ärztin forderte uns auf, fröhlich zu sein und uns auf keinen Fall anmerken zu lassen, wie traurig wir waren, um Snobby nicht zu beunruhigen. Sie gab Snobby erst eine Beruhigungsspritze, die ihn einschlafen ließ. Im Schlaf setzte sie ihm eine weitere Spritze direkt ins Herz. Es hörte auf zu schlagen.

Snobbys Tod nahm Willem so sehr mit, dass wir noch am selben Tag nach Heidenheim fuhren, um seinem Nachfolger abzuholen. Diesmal sollte es ein Apricot-Pudel sein. In einer Zeitungsanzeige wurde genau so ein Pudel von einem vielfach ausgezeichneten Züchter in Heidenheim an der Brenz angeboten. Wir fuhren in meine Geburtsstadt und fanden Angelo. Angelo war eine Fehlfarbe und deshalb ein Sitzenbleiber im Wurf. Die Eltern waren Black und Tan, also schwarz-apricot gefleckt, Angelos Geschwister zumindest weiß-apricot, Angelo war fleckenlos.

Ich verliebte mich sofort in ihn. Obwohl auch er ein

Pudel war, hatte Angelo einen völlig anderen Charakter als Snobby. Snobby war ein kleiner Rabauke, Angelo eine Diva. Er war bildschön, aber sehr verschämt. Zu Willem sagte ich immer: »Früher haben die Männer mir hinterhergeschaut, jetzt schauen sie diesem entzückenden Hund hinterher.«

Angelo war es auch, der mir nach Willems Tod zur Seite stand. Ich wollte keine Menschen um mich, war aber froh, mit meinem Schmerz und meiner Trauer nicht ganz alleine zu sein.

So alt wie Snobby wurde Angelo leider nicht. Er starb mit gerade einmal 13 Jahren an einem Nasentumor, an dem er vier Jahre lang rumlaborierte. Als Welpe hatte er immer die Nase im Gras, auch dann, als die radioaktive Wolke von Tschernobyl über Bayern zog. Sicher weiß ich es natürlich nicht, aber ich glaube, dass das der Grund für Angelos Tumor war.

Angelo war mein bislang letztes Hündchen und wird es vermutlich auch bleiben. Solange Willem noch lebte, konnte er sich um den Hund kümmern, wann immer ich im Theater oder beim Drehen war.

Nach Willems Tod wäre es mir nicht mehr möglich gewesen, einem Hund die Aufmerksamkeit zu schenken, die ein Tier verdient hat. Ein Tier einfach nur aus egoistischen Gründen zu halten, ist für mich Tierquälerei.

Bis heute aber kann ich an keinem Hund, an keiner Katze vorbeigehen, ohne ein paar Streicheleinheiten loszuwerden.

Weg von der Insel

Berlin war damals noch eine richtige Insel inmitten der DDR. Es gab einige gute Bühnen, die Verdienstmöglichkeiten waren aber eher begrenzt.

Die großen Filmstudios, Bavaria und Studio Hamburg, hatten ihren Sitz in München und Hamburg. Nach Hamburg wollte ich nicht, auch wegen der Erinnerungen an Mutter, und so blieb nur München.

Ich zog also nach München, genauer gesagt in eine kleine Wohnung etwas außerhalb, nach Ismaning. Von dort aus ging ich im wahrsten Sinne des Wortes Klinkenputzen. Mein erstes Engagement in München war ein Werbefilm für *Bärenmarke – die leichte Vier*. Die leichte Vier hieß leichte Vier, weil die Kaffeesahne nur vier Prozent Fett aufwies. Dünn und zierlich wie ich war, war ich das ideale Werbegesicht für diese neue Diät-Kondensmilch.

Der Regisseur dieses Werbeclips war Wolfgang Becker. Becker war damals mit dem Filmproduzenten Helmut Ringelmann dabei, die deutsche Krimiserie *Derrick* aus der Taufe zu heben. Bis zu diesem Zeitpunkt gab es nur den *Kommissar* mit Erik Ode.

Becker fädelte es ein, dass ich einen Termin bei Ringelmann bekam. Ich klopfte vorsichtig an und betrat sein Büro. Ringelmann schien mich gar nicht zu bemerken. Ohne mich eines Blickes zu würdigen, blätterte er weiterhin in seinen Akten. Nach einiger Zeit schaute er kurz auf, sah mich von oben bis unten an und meinte: »Sie haben böse Augen. Sie spielen bei mir die Mörderin.«

In der dritten Folge *Nur Aufregung für Rohn*, der ersten Derrick-Staffel, durfte ich eine kleine Boutique-Verkäuferin spielen. Es sollte noch Jahre dauern, bis ich meinen ersten Mord begehen durfte.

Werbegirl

Nachdem die *Leichte Vier* nach dem Werbestart durch die Decke ging, flogen mir die Werbefilme zu. Dass die Bärenmarke-Werbung mit mir überhaupt ins Fernsehen kam, hatte ich einem glücklichen Zufall zu verdanken. Die Herren von Bärenmarke waren während der Dreharbeiten im

Urlaub und sahen erst als sie wiederkamen, für welchen Frauentyp Becker sich entschieden hatte. Sie waren entsetzt. Die Werbung wurde trotz ihrer Ressentiments ein Riesenerfolg, was die Herren dazu inspirierte, mit mir Plakatwerbung machen zu wollen.

Jetzt muss man wissen, dass es damals in der Schauspielerei eine unsichtbare Grenze zwischen dem gibt, was man halt noch macht, um Geld zu verdienen, und dem, was den Ruf ruiniert. Plakatwerbung gehörte in die Kategorie »Karriereende eines Schauspielers«. Bis ans Ende meiner Tage Werbung zu machen, kam für mich nicht infrage, deshalb lehnte ich die lukrative Plakatwerbung rundheraus ab. Die Herren von Bärenmarke behalfen sich damit, ein Model zu engagieren, das mir zum Verwechseln ähnelte.

Helmut Dietl zog die Grenze schon sehr viel früher. Dietl hat mit Werbung ausgesprochen gut verdient. Mit den Einnahmen finanzierte er seine eigentlichen Filme wie beispielsweise *Kir Royal*. Die Schauspieler aber, die ihr Gesicht für die Werbung hinhielten, hat er prinzipiell in keinem seiner Filme besetzt.

In meiner Münchner Anfangszeit sah ich mich teilweise an einem Abend bis zu dreimal im Werbefernsehen. Einmal für Pampers, einmal für Mon Chéri und dann noch für Asbach Uralt. Heute wäre es undenkbar, zeitgleich für verschiedene Produkte zu werben, damals störte sich von den Auftraggebern niemand daran.

Man kannte mich als Rexona-Girl genauso wie mit einem Volvo und mit Einmachgläsern von Leifheit.

Werbung zu drehen war mindestens genauso anstrengend wie auf der Bühne zu stehen. 50 Mon Chéri in Folge mit einem strahlenden Lächeln in den Mund zu stecken, verlangt Disziplin. Mit glücklichem Gesicht an einem gallenbitteren, kochend heißen schwarzen Kaffee Hag in Großaufnahme zu nippen, ein erhebliches Maß an Schmerzkontrolle, und schreiende Säuglinge mit einem liebevollen Blick zu wickeln, einfach nur gute Nerven.

Um den Werbeclip für die Pampers mit Klettverschluss fertig zu bekommen, mussten wir drei Tage drehen. Die Mütter standen mit ihren Babys Schlange, um ihr Kind in der Werbesequenz unterzubringen.

Meine Aufgabe bestand nun darin, ein Baby erst mit der falschen Windel zu wickeln, worauf es ohrenbetäubend schreit. Dann nehme ich die richtige Windel und das Baby ist glücklich. Was bei der Erstellung des Skripts nicht so recht bedacht wurde, ist, dass sich Babys weder auf Kommando an- noch abstellen lassen. Der sogenannte Baby-Dealer von Procter und Gamble versuchte zwar, für jede Gelegenheit das passende Kind auszusuchen – dieser Werbeclip indes, war selbst für ihn eine wahre Herausforderung.

Als Werbegesicht kannte man mich zwar, seltsamerweise aber erkannte man mich nicht. Obwohl ich fast täglich in irgendeinem Werbespot zu sehen war, wurde ich auf der Straße nie auf meine Werbung angesprochen. Das änderte sich erst, als ich viele Jahre später die Oberschwester Ingrid bei *In aller Freundschaft* war. Erst damit kam die Straßenpopularität und Menschen sagten: »Oberschwester Ingrid, wie geht es Ihnen? Wo ist denn der Professor?«

FKK am Badestrand

Willem war ein Anhänger der Freikörperkultur. In der DDR wurde FFK auch von der Staatsmacht als Freiraum toleriert, in weiten Teilen Westdeutschlands aber war sie verpönt.

Für Willem waren es Wochen der Befreiung von allen Kleiderzwängen, wenn er, wie Gott ihn schuf, auf der damals noch zu Jugoslawien gehörenden Insel Rab nackt am Strand liegen konnte.

Nach einem Besuch des englischen Königs Eduard VIII. auf Rab entwickelte sich die Insel zu einem wahren Nudisten-Mekka. Eduard VIII., so will es die Legende, hatte sich 1936 bei einem Urlaubsaufenthalt auf Rab von den lokalen Behörden die offizielle Erlaubnis eingeholt, hüllenlos ins Meer steigen zu dürfen. In der Kandarola-Bucht soll er mit Lady Simpson, seiner später Gattin, das Vorhaben in die Tat umgesetzt haben und hat damit eine über Jahrzehnte anhaltende Freikörperkultur begründet. 2011 kürte die CNN Rab, das heute zu Kroatien gehört, sogar zum weltbesten FKK-Ziel.

Als junge Frau konnte ich dem nackten Treiben nicht sehr viel abgewinnen und genierte mich. Durch meine roten Haare ist meine Haut sehr sonnenempfindlich, sodass ich schon nach einem kurzen Strandaufenthalt am ganzen Körper krebsrot war. Sonnenschutzmittel gab es damals zwar schon, allerdings nur mit einem Lichtschutzfaktor um die zehn. Die Creme hätte es mir ermöglicht etwas länger in der prallen Sonne Rabs zu liegen, ein erfüllter Strandtag dauerte bei Willem jedoch von morgens bis abends. Wegen meiner empfindlichen »Rothaarigen-Haut« legte ich mich nie in die pralle Sonne, obwohl ich damals noch nicht wusste, dass intensives Sonnenbaden zu Hautkrebs führen kann. Heute bin ich froh darum.

So richtig entspannen konnte sich Willem bei der intensiven Lektüre des Playboys. Den Playboy gab es in Deutschland zu dieser Zeit nur unter der Ladentheke, ihn öffentlich zu studieren, wäre am Timmendorfer Strand undenkbar gewesen. Während sich Willem genüsslich mit dem Playboy fortbildete, verordnete er mir August Strindberg.

Strindberg hat zwar das Theater Europas durch seine Werke maßgeblich beeinflusst und ist sicherlich heute noch eine empfehlenswerte Lektüre, unbekleidet bei 30 Grad am Strand aber dann doch eher etwas mühsam zu lesen. Ein wenig Klassenkampf und revolutionäre Gesinnung hätte meinen Mitbadenden nicht geschadet, denn anstatt wild und hemmungslos, ging es beim FKK spießig und kleinbürgerlich zu, zumindest auf Rab. Näherte man sich dem Strand bekleidet, wurde man von allen Seiten angefeindet.

Untergang der Titanic

Die zweite Badeleidenschaft Willems galt den Thermal- und Heilbädern. Als Abwechslung zur Freikörperkultur auf Rab, also Radonbäder auf Ischia und in Bad Gastein.

Bad Gastein war seit der K&K-Zeit bei österreichischen Ex-Adeligen sehr beliebt. In Österreich dürfen zwar schon seit 1919 keine Adelstitel mehr geführt werden, der Auftritt mit Zofen und Dienern ließ jedoch keinen Zweifel aufkommen, dass hier Habsburger im Anmarsch waren.

Im vornehmen Bad Gastein überredete Willem mich sehr junge Frau, ihn in die Heilbäderabteilung zu begleiten. Als unverheiratetes Paar durften wir nicht gemeinsam in ein Bad, sondern mussten getrennte Räume aufsuchen, in denen die Heilbecken aussahen wie kleine, in den Boden eingelassene Swimmingpools. 20 Minuten sollte man in dieser radioaktiven Badewanne aushalten. 20 Minuten können sich unendlich hinziehen, wenn man nichts zu tun hat, als die weiß gekachelten Wände anzuschauen. Ich langweilte mich schrecklich und ließ Willem das auch wissen. Am nächsten Tag kaufte er mir mit einem Augenzwinkern ein kleines aufziehbares Schiffchen. Das Boot war wenig seetauglich und ging, wie damals die Titanic, schon bei der Jungfernfahrt unter. Langeweile kam in den nächsten Tagen somit nicht mehr auf, denn mit viel Pathos ließ ich meine Titanic ein ums andere Mal am fiktiven Eisberg zerschellen und in den Fluten versinken.

In anderen Jahren, wenn die Zitronen blühten, ließen wir Bad Gastein Bad Gastein sein und verbrachten die Kurwochen auf Ischia.

Den Weg dorthin legten wir immer mit dem Auto zurück. Ich hatte das Steuer in der Hand, Willem die Chianti-Flasche.

Durch die vielen Fahrten nach Ischia lernte ich nach und nach jedes etruskische Grab, jeden griechischen Tempel und jede römische Siedlung an Italiens Mittelmeerküste kennen. Wir übernachteten in L'Aquila, Perugia, Siena, Bologna. Von Neapel aus machten wir Abstecher an die Amalfiküste, nach Pompeji, Herculaneum und Paestum.

Die Urlaube in Italien waren wunderschön, aber wenig abenteuerlich. Ich wäre zu gerne mit einem Camper durch Kanadas Wildnis gefahren, Willem jedoch weigerte sich, Europa zu verlassen.

Mein Willem

Ich war gerade mal zwanzig Jahre alt, als ich Willem kennenlernte, er war damals schon fünfzig. Während ich noch am Anfang meines Erwachsenenlebens und auch meiner Karriere stand, hatte er schon so viel erlebt und alles erreicht, was man als Regisseur in Deutschland erreichen konnte. Er war Chef der Abteilung Fernsehspiel und Chefregisseur beim Westdeutschen Rundfunk.

1940 besetzten die Deutschen die demilitarisierte britische Insel Jersey. Willem war auf der Kanalinsel stationiert und dort für die Truppenbetreuung zuständig. Auf Jersey blieb es nicht aus, dass er junge Intellektuelle aus dem Widerstand kennenlernte und sie bei der Rückgabe der Kanalinsel unterstützte.

»Wir waren idealistische Dilettanten«, sagte Willem später selbst von dieser Aktion. Die Sache flog auf, Willem und seine Mitstreiter wurden verhaftet und nach Russland verschickt.

Ihre Flucht zurück dagegen klingt wie eine Münchhausen Geschichte. Die Männer lernten einen desertierten Offizier mit Dokumentenmappe und Stempel kennen, freundeten sich mit einen russischen Lokführer an, klauten nachts eine unbewachte Lokomotive und fuhren zickzack zurück nach Deutschland. Die gefälschten Papiere bestätigten ihnen, dass sie offiziell aus einem russischen Strafbataillon in ihre reguläre Truppe entlassen worden waren und schützten sie so davor, als Deserteure hingerichtet zu werden. Willem wurde bei erster Gelegenheit in einer Nacht- und Nebelaktion von den Engländern über den Kanal geholt. Der englische Geheimdienst hatte während Willems Zeit auf den Kanalinseln mitbekommen, dass er gegen Nazi-Deutschland kämpfte und sorgte dafür, dass er nach seiner Flucht Arbeit beim European Program der BBC bekam.

Willems Mutter erfuhr aus dem Radio, dass ihr Sohn noch lebte. Seit seiner Deportation nach Russland hatte sie kein Lebenszeichen mehr von ihm erhalten. Eines Tages kam eine Nachbarin und erzählte ihr, dass sie im deutschsprachigen Programm der BBC eine Stimme gehört hätte, die genauso klang wie die Stimme ihres Sohnes.

Abends kam Willems Vater, der Justizbeamte Otto Semmelroth, nach Hause und fand seine Frau tränenüberströmt, das Radio umarmend, in der Küche vor. In London trug der Sohn gerade das Gedicht »An meine Mutter« vor.

Politisch nicht vorbelastet bekam Willem nach dem Krieg von den Engländern den Auftrag, beim Aufbau eines freien demokratischen Rundfunkwesens mitzuarbeiten. Willem ging zuerst nach Hamburg zum NWDR, dann zum Rundfunk des WDR nach Köln, um dort 1960 die Fernsehspielabteilung des WDR aufzubauen und zu leiten.

Fernsehspiel klingt heute nach leichter Muse, die jedoch interessierte Willem nur am Rande. Seine große Leidenschaft galt den großen, schweren Klassikern.

In den 30 Jahren, die zwischen uns lagen, hatte Willem also zwei Weltkriege überlebt. Während ich im Laufstall war, marschierte er bei Eiseskälte durch Russland, während ich eingeschult wurde, baute er die deutsche Funk- und Fernsehlandschaft im Nachkriegsdeutschland auf.

Als junge Frau interessierten mich diese lächerlichen 30 Jahre Altersunterschied nicht. Ich genoss seine Lebenserfahrung, seine Bildung und seine vollendeten Manieren. Erst als Willem alt, krank und zunehmend hilfsbedürftig wurde, wurde mir bewusst, dass eine ganze Generation zwischen uns lag.

Die große Versöhnung

Willem erzählte mir hin und wieder von seinem zwei Jahre älteren Bruder Otto. Otto war das genaue Gegenteil von Willem – er trat mit 20 Jahren in einen niederdeutschen Jesuitenorden ein, wurde 1939 zum Priester geweiht und legte 1949 seine letzten Ordensgelübde ab. 1950 wurde er zum Professor für dogmatische Theologie an die PTH Sankt Georgen berufen.

Otto wirkte ab 1963 am Zweiten Vatikanischen Konzil als offizieller Peritus mit und prägte den Begriff der Kirche als Ursakrament.

Otto hatte Willem und seine Frau getraut, aber durch die sehr unterschiedlichen Lebensentwürfe entwickelten die beiden Männer eine merkwürdige Scheu voreinander.

Die spärlichen Erzählungen über Otto machten mich neugierig – ich wollte ihn kennenlernen.

Willem fiel zuerst aus allen Wolken, versprach mir aber

dann doch, ein Treffen zu arrangieren. Er arbeitete gerade an einem Film in Bad Homburg, als wir uns zu Dritt in der Innenstadt Frankfurts zum Abendessen trafen. Ich fand Otto auf Anhieb sehr sympathisch, konnte aber spüren, wie groß die Berührungsängste der beiden Brüder waren. Kurzerhand fasste ich einen Entschluss und lud Otto ein: »Herr Professor, möchten Sie nicht sehen, wie Ihr Bruder arbeitet?« »Mit Freuden gerne«, entgegnete Otto. Der Rektor der Theologischen Universität Sankt Georgen, Prof. Dr. Dr., zwängte sich am nächsten Morgen in meinen kleinen R4, gemeinsam fuhren wir zu Willem nach Bad Homburg zum Motiv. Otto sah mit eigenen Augen, dass der Beruf seines Bruders wirkliche Arbeit war. Die Brüder verbrachten den ganzen Tag zusammen. Das Eis war gebrochen.

Von da an legte Otto, wann immer er aus Rom kam, einen kurzen Zwischenstopp bei uns in Zorneding ein. In stundenlangen Gesprächen arbeiteten die beiden Männer die langen Jahre auf, in denen sie wenig Kontakt hatten.

Der Kirchenmann ließ es sich nicht nehmen, mir auf seinen Durchreisen immer ein kleines Fläschchen Parfüm aus dem Duty-free-Shop in Rom mitzubringen. Otto starb 1979, mit gerade einmal 67 Jahren an Diabetes.

Ich bin sehr froh darüber, dass die beiden Brüder durch meinen Anstoß wieder zueinandergefunden haben.

Auf Ottos Trauerfeier kondolierten mir die Bischöfe aus Limburg und Mainz, obwohl sie wussten, dass Willem und ich nicht verheiratet waren.

Unsere letzten gemeinsamen Jahre

Willem hat das Leben immer in vollen Zügen genossen. Das Leben zu genießen bedeutete für ihn auch, bis zum Umfallen zu arbeiten, 90 Zigaretten am Tag zu rauchen, den Morgen schon mit einem Cognac zu beginnen und gutes Essen nicht zu verachten. Um Arztpraxen machte er einen großen Bogen, angeblich, weil er keine Zeit dafür hatte.

Mit zunehmendem Alter ließen sich die Auswirkungen seines ungesunden Lebenswandels nicht mehr verleugnen, Willem wurde krank.

Der erste große gesundheitliche Einschnitt kam 1977. Er hatte keinerlei Symptome und verweigerte jede Art von Vorsorgeuntersuchung. Käthe Haack, eine wunderbare Schauspielerin und Freundin von Willem, ließ das nicht gelten und überredete ihn, mit zu ihrer Ärztin zu kommen. Einer Frauenärztin. Die Gynäkologin war etwas ratlos, was sie mit diesem Mann in ihrem Behandlungszimmer anfangen sollte und maß in Ermangelung anderer Behandlungsmöglichkeiten erst einmal den Blutdruck. 220 zu 180 war das erschütternde Ergebnis. Die Ärztin wollte ihn wegen dieses viel zu hohen Blutdrucks eigentlich gar nicht mehr aus der Praxis lassen und überwies ihn sofort ins Krankenhaus. Willem weigerte sich. Er bestand darauf, den Film, den er gerade inszenierte, erst einmal zu Ende zu bringen und dann noch einmal darüber nachzudenken.

Nach 14 Tagen ging er tatsächlich in Köln-Meerbusch in die Klinik und ließ sich untersuchen. Beim Schichtröntgen – CT, MRT oder Ultraschall gab es damals noch nicht – wurde ein riesiges Aneurysma am Herzen gefunden.

Der einzige Arzt in Deutschland, der dieses Aortenwurzelaneurysma zu diesem Zeitpunkt operieren konnte war Prof. Dr. Georg Heberer an der Universitätsklinik in München. Heberer setzte Willem eine Aortenprothese aus Teflon ein, die auch bis zu seinem Tod hielt.

Was damals noch nicht erforscht war, waren die Nebenwirkungen des Teflons im Körper, die vielleicht auch durch seinen ungesunden Lebenswandel verstärkt wurden.

Willen jedenfalls bekam ein paar Jahre nach dieser Operation eine Polyneuropathie, ein Nervenleiden, das höllische Schmerzen verursachte und dazu führte, dass er seine Extremitäten nicht mehr zuverlässig steuern konnte. Das periphere Nervensystem wurde so geschädigt, dass in den Beinen zuerst ein Kribbeln und Taubheitsgefühle auftauchten und später ein sehr schmerzhaftes Brennen hinzukam. Er wurde dadurch extrem unsicher auf den Beinen. Im Laufe der Zeit verschlechterte sich sein Zustand und später konnte er nur noch gehen, wenn er sich mit einer Hand auf meiner Schulter aufstützte und in der anderen einen Stock zu Hilfe nahm.

Die Krankheit begann schleichend und breitete sich langsam in seinem Körper aus. Willem erwähnte die Schmerzen mit keinem Wort. Erst als wir in Stuttgart über die Straße gehen wollten und er plötzlich stehen blieb und so tat, als würde er sich nur die Gegend anschauen, wurde mir bewusst, wie schlecht es um ihn stand. Durch sein Umschauen wollte er verheimlichen, dass ihm seine Beine nicht mehr gehorchten und er einfach nicht weitergehen konnte. »Willem, was machst du denn? du kannst doch hier nicht stehen bleiben.« Ich nahm ihn bei der Hand und zerrte ihn von der Fahrbahn. Rollatoren waren damals noch nicht üblich, und wahrscheinlich wäre er auch zu stolz gewesen, einen Rollator zu verwenden. Hinzu kam ein fortgeschrittenes Lungenemphysem. Und so kam die Zeit, in der sich der 1,86 Meter große Mann nur noch fortbewegen konnte, wenn er sich auf meine Schulter stützte.

Es war erschütternd, wie innerhalb weniger Jahre aus einem weltgewandten, umschwärmten Regisseur ein alter, sich einsam fühlender, verbitterter Mann geworden war.

Für Willem waren zwei Dinge kaum zu ertragen: seinen eigenen körperlichen Verfall mitzuerleben und erkennen zu müssen, dass die vielen vermeintlichen Freunde, die ihn während seiner Zeit als Regisseur umschwärmten und hofierten, nur so lange seine Freunde waren, wie er ihnen von Nutzen sein konnte. Mit dem pensionierten, kranken Wilhelm Semmelroth wollten die allermeisten Schauspieler, denen er immer gute Rollen gegeben und deren Karrieren er mitgestaltet hatte, nichts mehr zu tun haben.

Was Willem jetzt schmerzhaft erkennen musste, war mir schon als junge Schauspielerin bewusst geworden: Freundschaften in unserem Beruf sind meist nur Zweckfreundschaften. Er hatte diesen Freundschaften viel Bedeutung beigemessen, deshalb war es für ihn sehr bitter und traurig einsehen zu müssen, dass diese Freundschaften über das Berufliche nicht hinausgingen. Alte Freunde wie Willy Lindberg, den er noch aus Kriegszeiten und ihrer beider Mitgliedschaft in der Résistance kannte, waren längst schon gestorben, zu seinen Kindern hatte er kaum Kontakt.

Die einzigen Menschen, die Willem nach seiner Erkrankung noch an sich heranließ, waren Prof. Heberer und Dr. Peter Bayerl, sein Hausinternist aus Zorneding. Selbst Pflegekräfte durften das Haus nicht betreten, die Pflege meines Lebensgefährten ruhte auf meinen Schultern.

Von dem Mann, den ich kennengelernt hatte, war nicht mehr viel übrig. Willem war in seinen guten Jahren ein unglaublich humorvoller, charismatischer Mensch, der zwar auch seine trüben Tage hatte, aber dennoch dem Leben voller Optimismus begegnete. Er nahm das Leben so, wie es kam. Diesen Humor hat er lange Zeit noch beibehalten. Der alte, kranke Willem wollte in den letzten zwei Jahren keine Menschen mehr um sich haben und vergrub sich in seinen Depressionen.

Nur mit seinem Freund und Arzt Dr. Peter Bayerl saß er manchmal stundenlang in seinem Zimmer, die beiden unterhielten sich besonders gerne auf Latein.

Mit zunehmender Krankheit spürte ich, wie er mich um meine vermeintliche Jugend beneidete, darum, dass noch ein größerer Lebensabschnitt vor mir lag, während seine Lebenskraft schwand. Paradoxerweise fühlte ich mich wegen meiner Jugend tatsächlich schuldig, obwohl Willem von dieser Jugend, meiner Tatkraft, täglich profitierte. Es gelang mir nicht, ihm zu verdeutlichen, dass ich aus Liebe und Loyalität bei ihm blieb, obwohl die Situation für mich manchmal schwer zu ertragen war. Ich hatte mit diesem wunderbaren Mann so viele schöne Jahre verbracht und hatte ihm viel zu verdanken. Ihn in dieser schweren Phase im Stich zu lassen, wäre mir nie in den Sinn gekommen.

Willems Zustand verschlechterte sich, es blieb ihm keine andere Wahl, als einer weiteren Herzoperation zuzustimmen. Er hatte schon seit Jahren einen Herzschrittmacher, einen der ersten Generation. Das massive Kästchen zeichnete sich deutlich sichtbar unter seiner Haut ab.

Als er noch gesund war, beneidete er Menschen, die ein paar Wochen im Jahr auf Kosten der Krankenkassen Urlaub machen konnten, wie er es definierte. Jetzt hatte er selbst die Möglichkeit, sich gesund pflegen zu lassen, während ich ein Engagement in Stuttgart erfüllen konnte, ohne mich um seine Pflege kümmern zu müssen. Willem war inzwischen so bedürftig, dass ich ihn nicht mehr alleine in Zorneding lassen konnte. Ich musste ihn überallhin mitnehmen und ihn zwischen Proben und Aufführung versorgen. Meinen Beruf an den Nagel zu hängen, um mich ganz um ihn zu kümmern, konnte ich mir nicht leisten. Als Lebensgefährtin hatte ich keinen Anspruch auf seine Pensionszahlungen und musste mich selbst darum kümmern, im Geschäft zu bleiben, um als Schauspielerin auch nach seinem Tod über die Runden zu kommen.

Die Kur schien uns beiden deshalb eine sehr gute Lösung,

zumindest bis zu dem Zeitpunkt, als der Termin in Bad Krozingen näher rückte. Willem beschuldigte mich, ihn abschieben zu wollen und weigerte sich, den Aufenthalt anzutreten. Dass es seine Idee gewesen war und ich nun am Theater an einen Vertrag gebunden war, den ich nicht einfach platzen lassen konnte, wollte er nicht wahrhaben. Letztendlich ließ er sich doch überreden, verweigerte aber in der Rehaklinik alles, was seiner Gesundheit zuträglich gewesen wäre. Er lehnte alle Anwendungen ab und ließ sich von keinem Arzt untersuchen. Willem kam sich abgeschoben vor und boykottierte deshalb alles. Er saß nur apathisch auf seinem Zimmer und zählte die Tage, bis er wieder nach Hause »durfte«. Dann endlich kam das Tag seiner Entlassung. Ich hatte inzwischen tagsüber Endproben für das neue Stück und abends die Vorstellung des alten Stückes. Das Theater konnte ich an diesem Tag deshalb nicht verlassen. Mit Mühe konnte ich seine Tochter überreden, den Vater abzuholen und in unsere Wohnung nach Stuttgart zu bringen.

Als ich abends nach Hause kam und ihn auszog, sah ich, dass sein Herzschrittmacher durchgebrochen und die Haut an der Stelle schon ganz nekrotisch war. Ich packte ihn sofort wieder ins Auto und brachte ihn auf schnellstem Wege ins Marienhospital in Stuttgart.

Die Ärzte in der Notaufnahme bereiteten ihn umgehend für eine Operation vor. Der Herzschrittmacher musste schnellstmöglich raus.

Nach der Operation konnte ich den Arzt davon überzeugen, Willem für ein paar weitere Tage im Krankenhaus zu behalten. Ich hatte Haupt- und Generalprobe und konnte mich unmöglich um ihn kümmern. Einen neuen Schrittmacher hatte er nicht bekommen, der Arzt meinte nur: »Den braucht er nicht mehr.«

Nach der Premiere musste ich noch eine Woche lang jeden Abend auf die Bühne, tagsüber konnte ich ihn versorgen, aber er wollte nur noch in sein eigenes Bett nach Zorneding.

Dann war es endlich soweit. Nach dieser Woche hatte ich meinen ersten spielfreien Tag und konnte Willem heimbringen. Er lehnte einen Krankentransport kategorisch ab, und so blieb mir nichts übrig, als nach der abendlichen Vorstellung zwei Studenten vom Studentendienst zu bestellen und sie zu bitten, mir Willem zu meinem Auto zu tragen und ihn zwischen die Kissen, die ich auf den Beifahrersitz aufgetürmt hatte, zu setzen.

Meinen Nachbarn in Zorneding hatte ich Bescheid gegeben, dass ich unbedingt Hilfe von starken Männern brauchen würde.

Als wir nachts um 2 Uhr in Zorneding ankamen, warteten alle Männer des Hauses schon auf uns und trugen Willem hoch. Mir schießen heute noch Tränen in die Augen, wenn ich an diese Hilfsbereitschaft zu nachtschlafender Zeit denke.

Früh am nächsten Morgen kam Dr. Peter Bayerl, legte ihm eine Infusion und konnte ihn tatsächlich überreden, nochmal ins Krankenhaus zu gehen. Willem war völlig dehydriert, weil er sich seit Tagen weigerte zu trinken. Bei den Infusionen ging es aber nicht nur um Flüssigkeitszufuhr, sondern auch darum, ihm Medikamente zu verabreichen, die ihm die Angst nahmen. Ohne es auszusprechen wussten wir alle, dass er sich bereits im Sterbeprozess befand und es nur noch darum ging, ihm die Schmerzen und die Panik zu nehmen.

Eine Palliativversorgung, wie es sie heute gibt, war in den 90er-Jahren noch nicht üblich.

Im Ebersberger Krankenhaus schrieb Peter einen Zettel auf dem stand: »Jutta, ich glaube es ist wichtig, dass Du die Familie benachrichtigst«.

Willem hatte in Kriegszeiten geheiratet, aus dieser Ehe waren zwei Kinder hervorgegangen. Die Ehe bestand zwar defacto schon zehn Jahre vor unserem Kennenlernen nicht mehr, dennoch hatte er sich nie scheiden lassen und nur noch sporadischen Kontakt zu seinen Kindern.

Ich rief nachts die ältere Tochter an und informierte sie, dass ihr Vater im Sterben lag und nur noch wenig Zeit blieb, ihn noch einmal zu sehen. Sie möge auch ihre Mutter und ihre Schwester informieren.

Willems Tod

Ich denke einen langen Schlaf zu tun,
denn dieser letzten Tage Qual war groß!
(Wallensteins Tod)

Drei Tage später informierte mich abends, kurz vor der Vorstellung, die Klinik darüber, dass er die Nacht nicht überleben würde.

Ich saß in Stuttgart fest und musste auf die Bühne. Auf dem Spielplan stand eine böse Krankenhaus-Satire *S'elektrische Herz* von Karl Wittlinger. Während der Vorstellung liefen mir die Tränen über das Gesicht. Meine Schauspielkollegen schafften es, sich so vor mich zu stellen, dass vom Publikum niemand mitbekam, wie aufgelöst ich war.

Nach der Vorstellung wollte ich sofort zurück nach München. Die Kollegen verboten mir selbst zu fahren und organisierten stattdessen einen Fahrer, der mich zu Willem ins Krankenhaus brachte.

Wir rasten über die Autobahn und kamen um zwei Uhr morgens endlich an.

Der Arzt empfing mich und teilte mir mit, dass Wilhelm Semmelroth um 23 Uhr gestorben war. Meine Knie wurden weich, ich sackte zusammen.

Die Tage danach

Am Tag nach seinem Tod arbeitete ich Listen mit den Dingen ab, die es zu erledigen galt. Ich war wie betäubt, obwohl sich Willems Tod seit Wochen angekündigt hatte. Trotz all meiner Trauer durfte ich keine Zeit verlieren, musste wie ein Roboter die Trauerfeier organisieren, Trauerkarten drucken lassen, Redner einladen und den Leichenschmaus bestellen. Ich hatte nur einen Tag, um die Dinge auf den Weg zu bringen, denn schon am selben Abend musste ich in Stuttgart wieder auf der Bühne stehen. Der Spielplan kennt kein Pardon, auch dann nicht, wenn der geliebte Mensch stirbt.

Meine Kollegen, die gerade nicht auf der Bühne zu tun hatten, halfen mir, wo immer sie konnten. Sie beschrifteten die Kuverts hunderter Trauerkarten, führten Listen und versuchten mich zu trösten.

Willems Trauerfeier

Willem Semmelroth sollte eine würdige Trauerfeier bekommen, eine die seinem Wesen und seiner Bedeutung für das Deutsche Fernsehen gerecht wurde. Ich rief unter anderem beim WDR an und bat seinen früheren Intendanten und Bundestagsabgeordneten Klaus von Bismarck auf der Trauerfeier zu sprechen. Beigesetzt wurde Willem auf dem Zornedinger Friedhof, viele Weggefährten, die er schon seit Jahren nicht mehr gesehen hatte, gaben ihm das letzte Geleit.

Auch seine Frau und seine Töchter erschienen zur Beisetzung. Ich reservierte für sie einen Platz in der ersten Reihe.

Nach der Beisetzung gingen Willems Weggefährten, meine Schwester mit ihrem Sohn und ich in die Zornedinger Gaststätte Neuwirt und haben, wie man in Bayern so schön sagt, dem Verstorbenen eine »schöne Leich« ausgerichtet. Wir saßen beieinander und erinnerten uns an die vielen schönen Momente, die wir mit Wilhelm Semmelroth teilen durften.

Zwei Jahre

Nach Willems Tod dauerte es fast zwei Jahre, bis ich mich wieder dem Leben zuwenden wollte. Sicher, ich habe gearbeitet und funktionierte.

Als junge Frau legte ich keinen besonderen Wert auf einen Trauschein, konnte verstehen, dass Willem seine Gründe hatte, sich nicht scheiden lassen zu wollen. Sein Bruder Otto hatte als junger Priester diese Ehe geschlossen, Willem bedeutete das sehr viel.

Erst nach seinem Tod wurde mir bewusst, dass ich für die Jahre, in denen ich mich um ihm gekümmert hatte und nur noch sehr eingeschränkt arbeiten konnte, keinerlei finanziellen Ausgleich erwarten konnte.

Willem war immer ein Spieler gewesen und hatte nie Rücklagen gebildet oder an Alterssicherung gedacht. Er hatte ja seine Pension. Mir bleib nach seinem Tod nur unsere Wohnung, die wir gemeinsam finanziert hatten. Willem verkaufte mir viele Jahre vor seinem Tod seine Hälfte der Wohnung und ließ sich im Gegenzug ein lebenslanges Wohnrecht eintragen. Zumindest um mein Dach über dem Kopf musste ich mir keine Sorgen machen.

Wäre Willem nicht so weitsichtig gewesen, die Vereinbarung notariell zu prüfen und beglaubigen zu lassen, hätte sie seine Familie vermutlich angefochten und mich in die Wüste geschickt. Die 30 gemeinsamen Jahre mit ihm und die schweren Jahre, in denen ich ihn auch ohne Trauschein nicht im Stich gelassen habe, hatten juristisch keinerlei Bedeutung.

So kam es, dass die Frau, mit der er 30 Jahre kaum ein Wort gesprochen hatte, sich nach seinem Tod über eine stattliche Pension freuen durfte, während ich vor dem Nichts stand.

Für eine Schauspielerin mit 48 Jahren standen die Chancen schlecht, noch einmal durchzustarten.

Es gab nur zwei Alternativen – den beruflichen Wiedereinstieg zu schaffen oder mit Altersarmut konfrontiert zu werden.

Ich hatte schon viel zu viele Schauspieler und Schauspielerinnen kennengelernt, die gerade daran gescheitert und auf staatliche Unterstützung angewiesen waren.

Abschied und Neubeginn

Ein friedvoller Ort

Willem lebte nicht mehr und trotzdem gab es viele Momente, in denen er ganz nah bei mir war. Besonders in der ersten Zeit ging ich fast täglich auf den Friedhof, um mich mit ihm ungestört unterhalten zu können, ihm von meinen Sorgen und Nöten zu erzählen und ihn um Rat zu fragen.

Auf der Trauerfeier hatten viele von Willems Kollegen und Freunden Blumen und Kränze vor das Urnengrab gelegt. Nach und nach verblühten die Blumen, wurden auch sie immer mehr zu einem Symbol der Endlichkeit.

Schweren Herzens brachte ich weg, was verblüht war. Aus den täglichen Besuchen wurden über die Monate wöchentliche. Wann immer ich ans Grab ging, brachte ich ihm eine Rose mit, in der Hoffnung, dass er sich über das Zeichen meiner Liebe, wo auch immer er jetzt war, freuen würde.

Abschied nehmen

Nach drei bis vier Monaten begann ich langsam damit, Willems Zimmer auszuräumen und seine Sachen wegzugeben. Sein Zimmer war bis unter die Decke mit Büchern vollgepackt. Nun musste ich entscheiden, welche Dinge ich behalten, welche ich Freunden oder Verwandten schenken und welche Gegenstände ich spenden wollte.

Als erstes nahm ich seine Bibliothek in Angriff. Über die Zeit hatten sich mehr als 10.000 Bände angesammelt, einige dieser Bücher handelten von der Nazizeit. Bücher, die irgendetwas mit dem Nationalsozialismus zu tun hatten, waren Anfang der 90er-Jahre unverkäuflich. Niemand wollte diese Bücher, obwohl sie ja nicht von Nazis waren, sondern sich mit dem Faschismus kritisch auseinandersetzten, wie beispielsweise die Hitler-Biografie von Joachim Fest. Willems ältere Tochter erklärte sich schließlich bereit, diese Bücher für einen Verein, in dem sie engagiert war, zu übernehmen. Nachdem sie die Literatur über das Dritte Reich, in Bananenkisten verpackt, abgeholt hatte, blieben mir immer noch viele Klassiker, die Willem doppelt und dreifach im Regal stehen hatte. Einige dieser Klassiker verkaufte ich, denn was sollte ich mit drei Schiller- oder Goethe-Ausgaben. Dann nahm ich Willems persönliche Sachen in Angriff. Die jüngere Tochter wollte nur die Dinge von mir zurückhaben, die sie ihrem Vater gemalt und gebastelt hatte, mit dem Rest sollte ich machen, wonach mir der Sinn stand. Diesem Wunsch kam ich selbstverständlich nach.

Seine Kleider spendete ich einer Organisation, die sich um die vom Krieg gepeinigten Menschen im Kosovo kümmerten. Ein Mann mit einem VW-Transporter lud die gesamte Garderobe ein und brachte sie direkt in den Kosovo. Alles bis auf den Smoking. Vor meinem inneren Auge sah ich plötzlich Kämpfer im Schützengraben mit Willems Smoking – das wollte ich auf keinen Fall.

Und so schenkte ich ihn zusammen mit seinen Glaskaraffen den Bavaria Filmstudios. Willem war passionierter Whisky-Trinker und hatte eine Sammlung von mindestens 30 Glas- und Terrakotta-Karaffen. Als der Requisiteur kam, um die Karaffen abzuholen, bedankte er sich herzlich. Dass mich dieses Relikt aus der Vergangenheit schon bald wieder einholen würde, konnte ich zu dem Zeitpunkt nicht ahnen.

Der noch junge Sender RTL hatte mich für eine Sitcom engagiert. Worum es dabei ging, weiß ich nicht mehr. Die Inhalte sind bei diesem Format auch zweitrangig, wichtig ist nur, dass das Publikum etwas zum Lachen hat. Die Texte bekommt man am Vorabend und muss sie bis zum nächsten Tag auswendig lernen. Vormittags sind dann die Proben und abends wird mit Publikum aufgezeichnet.

An meinem ersten Probentag kam ich ins Studio und dachte mir: »Seltsam, so eine Karaffe hatte Willem auch«. Ich drehte mich um und sah noch eine Karaffe. Und noch eine. Das ganze Bühnenbild war voll mit den Karaffen meines Mannes. Mir wurde richtiggehend schwindelig. Willem hatte Jahrzehnte in Köln gelebt. Seine Karaffen hatten auf diese seltsame Art den Weg zurückgefunden.

Jedes Jahr gibt es in Deutschland hunderte Produktionen. Dass die Bavaria die Karaffen an RTL verkauft hat und ausgerechnet ich in einem Stück landete, in dem diese Karaffen als Dekoration dienten, hatte etwas Gruseliges. Ich bekomme heute noch Gänsehaut, wenn ich an diesen Probentag denke, an dem mich meine ganze Vergangenheit mit Willem einholte.

Vielleicht war auch das der Grund, warum die Sitcom und ich nicht so recht zueinanderfinden wollten. Die Rolle, die für mich vorgesehen war, sollte komisch sein. Als Schauspielerin kann ich zwar vieles, komisch zu sein, gehört jedoch nicht dazu. Ich spielte die Rolle herzzerreißend traurig. Das Probenpublikum im Studio heulte über mein schlimmes Schicksal, was so gar nicht im Sinne des Regisseurs war. Er kommentierte meinen Auftritt mit den Worten: »Ja, so kann man das auch spielen.« Die Aufzeichnung ist übrigens nie gesendet worden, was sicherlich nicht nur an meiner eigenwilligen Interpretation lag. Als die Serie startete, brachte sie nicht die von RTL erhoffte Quote. Nach den ersten zwei Flops setzte RTL die Sitcom kurzerhand ab. Zum Opfer fiel dabei nicht nur meine Sendung, sondern auch eine Folge mit Hape Kerkeling. Von Kerkeling kann man sicherlich nicht behaupten, dass er nicht genial komisch sei.

Nach einem halben Jahr hatte ich in Willems früherem Zimmer alles aussortiert, verschenkt und verkauft. Am Ende stand ich in einem leeren Raum nur noch mit zwei Kartons seines schriftlichen Nachlasses. Alles, was von einem Leben übrig blieb, passte in zwei Kartons: Bilder, Briefe, Urkunden. Der Anblick war unendlich traurig und bitter.

Willem sammelte zu Lebzeiten Stiche und Radierungen. Er hatte es sich zur schönen Angewohnheit gemacht, mir jedes Jahr an Weihnachten eines dieser Kunstwerke zu überschreiben.

Die Bilder begleiten mich bis heute und zieren die Wände meiner kleinen Wohnung im Augustinum.

Gleich neben der Tür zum Wohnzimmer ließ ich beispielsweise ein kleines gerahmtes Faksimile anbringen, ein Theaterplakat, das für die Benefizvorstellung zum Tod von Albert Steinrück 1929 gedruckt worden war. In der Nachtvorstellung der Hochstaplerkomödie *Marquis von Keith*, zu der auf dem Plakat eingeladen wurde, traten die prominentesten Schauspieler dieser Zeit auf, um etwas Geld für die Witwe zu sammeln. Unter den Schauspielern waren Größen wie Marlene Dietrich, Hans Albers, Asta Nielsen, Henny Porten und Hermann Thimig. Heute wird diese Aufführung als das letzte große Fest des Theaters der Weimarer Republik angesehen. Die Nazis brachten in den folgenden vier Jahren Rosa Valetti, Kurt Gerron und Otto Wallburg um, Carola Neher wurde von den Sowjets getötet.

Das erste Weihnachten ohne Willem

Als Kind waren die Weihnachtsabende mit meiner Mutter manchmal sehr traurig. Wenn es ihr selbst nicht gut ging, war sie nicht in der Lage, für ihr Kind einen Weihnachtsbaum festlich zu schmücken, ein leckeres Weihnachtsessen zu kochen, oder sich Gedanken darüber zu machen, womit sie mir an Weihnachten eine Freude machen könnte.

Weihnachten mit Willem war ganz anders. Jedes Jahr besorgte er eine große Tanne für unser Wohnzimmer. Während ich den Weihnachtsbaum mit Kugeln, Sternen und Kerzen schmückte, saß er am Klavier und spielte weihnachtliche Musik. Alles glitzerte und funkelte.

Enge Freunde wussten, dass das erste Weihachten ohne Willem schwer für mich werden würde.

Sie riefen an und wollten mich seelisch unterstützen. Doch, anstatt die Hilfe anzunehmen, ließ ich meinen Anrufbeantworter rangehen, den ich die Tage zuvor mit einem larmoyanten Text besprochen hatte. Los ging es mit: »Dies ist nun das erste Weihnachten ohne Willem.« Ich erläuterte wortreich, was für ein großer Einschnitt das für mich sei, wie wichtig uns beiden dieses Fest war und dass ich jetzt versuchen würde, alleine diese Zeit zu bewältigen.

Ich saß an Heiligabend heulend auf meinem Sofa, und wann immer das Telefon klingelte, hörte ich meinen eigenen traurigen Text und die hilflosen Versuche der Anrufer, die richtigen Worte auf diese Ansage hin zu finden. Den Hörer nahm ich nur ab, wenn ich die Stimme meiner Schwester Gisela hörte. Wir telefonierten häufig, sie hatte mich auch eingeladen, Weihnachten mit ihr und ihrer Familie zu verbringen. Aber das wollte ich nicht.

Es war für mich ein schwieriger Prozess aus dieser Phase wieder herauszufinden.

Ich hatte die ganze Wohnung so dekoriert, wie ich es immer für Willem getan hatte. Ich hängte 300 kleine Lichtlein an die Zweige, goldene Kugeln und Sterne. Unterm Baum hatte ich die Bauernkrippe aus Tirol aufgebaut, die mir Willems Freund, Willy Lindberg, vererbt hatte.

Willy war 1984 durch einen tragischen Unfall ums Leben gekommen. Er hatte ein Engagement an den Hamburger Kammerspielen bei Ida Ehre und war, wie Schauspieler so sind, auf dem Weg zum Theater so sehr in Gedanken an seine Rolle, dass er die Straßenbahn übersah und überfahren wurde.

Ich saß also auf den Stufen zu unserer Terrasse, schaute auf den Baum und lauschte »Stille Nacht, heilige Nacht« und Willems Lieblings-Weihnachtslied »Maria durch ein Dornwald ging«. Die Tränen wollten nicht mehr aufhören zu fließen.

Wir aßen an Weihnachten immer Shrimps und am ersten Weihnachtsfeiertag hatten wir eine Gans gebraten. Aber was sollte ich ganz alleine mit einer Gans? Für Essen unnötig Geld ausgeben, wollte ich auch nicht. Jeden Pfennig, den ich verdiente, legte ich für schlechte Zeiten zurück.

Mitternacht ging ich wie jedes Jahr in die Christmette, und wie jedes Jahr holte ich mir prompt bei diesem Weihnachtsgottesdienst eine Erkältung. Der Abend war eine seltsame Mischung aus existenzieller Einsamkeit, einer Ausnahmesituation wie ich sie noch nie erlebt hatte und dem beinahe schon erschütterndem Gefühl, dass sich die Erde weiterdreht, egal, ob ich es wahrhaben will oder nicht.

Ein neues Jahr beginnt

In der Zeit zwischen Weihnachten und Silvester war ich wie in Watte gepackt. Die Stunden und Tage vergingen. Recht erinnern kann ich mich an kaum etwas. Dann, an Silvester, stand mir die zweite Herkulesaufgabe bevor, denn ich musste das alte Jahr beschließen und ein neues beginnen, das erste Mal ohne Willem an meiner Seite.

Silvester war, ähnlich wie Weihnachten, ein Fest das uns gehörte, das wir miteinander feierten. Als es ihm noch gut ging, hatten wir immer Gäste im Haus, in seinen letzten Jahren feierten wir den Jahreswechsel zu zweit. Willem zog seinen Smoking an, ich ein Abendkleid. Wir ließen uns vom Caterer Leckereien bringen und holten den Champagner aus dem Keller.

Eine Stunde vor Mitternacht legte er die 9. Sinfonie von Beethoven in der Einspielung von Karajan auf den Plattenteller. Willem kannte Herbert von Karajan und Franco Zeffirelli von einer gemeinsamen Opernverfilmung von *La Bohème* und liebte von Karajans Interpretation sehr. Kurz vor Mitternacht wurde der Champagner eingeschenkt, beim Glockenschlag stießen wir auf das Gewesene und das Kommende an. Der Himmel war erfüllt von den bunt glitzernden Sternen des Feuerwerks, wir standen eng umschlungen auf unserer Terrasse und freuten uns auf ein neues, aufregendes gemeinsames Jahr.

Auch in diesem Jahr sollte alles so sein, wie es zu unseren gemeinsamen Zeiten war. Ich zog mir ein festliches Kleid an, legte die 9. Sinfonie auf und trank Punkt 12 Uhr ein Glas Sekt. Ich konnte nicht anders, als an den alten Ritualen festzuhalten. Der Verlust wurde mir dadurch noch schmerzlicher bewusst.

Trauerjahre

In vielen Kulturen gibt es ein Trauerjahr, in dem den Hinterbliebenen zugestanden wird, sich mit dem Verlust eines geliebten Menschen auseinanderzusetzen und langsam den Weg zurück ins Leben zu finden. Ein weithin sichtbares

Zeichen dafür ist die Wahl der Kleidung. In unserer westlichen Kultur ist die Farbe der Trauer schwarz, in buddhistisch geprägten Ländern ist sie weiß.

Nach einem Jahr wird die schwarze Trauerkleidung abgelegt und Kleidung in freundlicheren, helleren Farben wird wieder aus dem Schrank geholt. Für mich kam es nie infrage, ein ganzes Jahr lang schwarze Kleidung zu tragen, tief in meinem Inneren dauerte die Trauerphase aber sehr viel länger als ein Jahr.

Ich hatte eine symbiotische Beziehung mit diesem liebevollen Mann, mit ihm starb auch ein Teil von mir. Ich fühlte mich unvollständig, so, als wäre etwas von mir abgeschnitten worden. In der Anfangszeit konnte ich mir kaum vorstellen, wieder zu heilen, wieder ein ganzer Mensch zu werden. Ich hatte das Gefühl, dass mir jeder Mensch an der Stirn ablesen konnte wie einsam ich war.

Willem war mein erster Mann, ein Alphamann zu dem ich aufblickte. Auf der Flucht vor meiner dominanten Mutter, hatte ich mir unbewusst einen Partner gesucht, der nicht nur sehr viel älter, sondern mir auch in vielen Dingen überlegen war. Wie ein Schwamm sog ich sein Wissen und seine Werte auf und machte sie zu den meinen.

Mit Willems Erkrankung veränderte sich vieles. In den letzten Jahren seines Lebens war ich diejenige, die den Alltag organisierte, ihm die hilfreiche Schulter war, ohne die er sich nicht mehr bewegen konnte, die sich um unser beider Wohlergehen kümmerte. Mit seinem Tod fehlte mir deshalb nicht so sehr die Orientierung, wie sie mir als junge Frau gefehlt hätte. Mit seinem Tod fehlte mir der Mensch an meiner Seite.

Die Angst vor der Armut

Willem und ich haben nie geheiratet. Zunächst schien mir das nicht wichtig. Als es mir wichtig wurde, hatte sich das Scheidungsrecht geändert und es hätte für Willem den finanziellen Ruin bedeutet. Und so existierte diese Ehe immer noch, zumindest auf dem Papier und blieb bis zu seinem Tod bestehen. Der finanzielle Aspekt hätte sich vielleicht noch regeln lassen – für ihn sehr viel wichtiger war, dass sein Bruder Otto diese Ehe geschlossen hatte und es für ihn moralisch kaum machbar war, die vom Bruder geschlossene Ehe auflösen zu lassen.

Was in all den Jahren unsere Liebe nicht schmälern konnte, wurde nach Willems Tod zu einem großen Problem für mich.

Willem war viele Jahrzehnte lang beim WDR und hatte Anrecht auf eine Betriebsrente. Für ihn bedeutete das ein gutes Auskommen.

In den zehn Jahren, in denen ich Willem zunehmend pflegte, konnte ich nur noch kleinere Engagements annehmen, Zeit für lange Tourneen und intensive Proben konnte ich nicht erübrigen. Was sowieso nicht einfach war, wurde dadurch noch existenzieller. Für einen Schauspieler nämlich sind die späteren Lebensjahre, abgesehen von wenigen Ausnahmen, eine harte Zeit. Die Rollenangebote werden, besonders für Frauen, weniger. Während Männer mit grauen Schläfen und Falten im Gesicht als gereift und interessant gelten, betrachten Männer gleichaltrige Frauen bestenfalls als zu alt.

Für jemanden wie mich, die fast zehn Jahre den Beruf nur in reduziertem Umfang ausüben konnte, standen die Zeichen für eine gesicherte Zukunft sehr schlecht.

Es musste etwas passieren, wollte ich den Rest meines Lebens nicht völlig verarmt verbringen. Ich musste wieder Fuß fassen, jeden Pfennig sparen, musste mein Schicksal wieder selbst in die Hand nehmen, wie ich es schon oft in meinem Leben getan hatte.

Alte Freundschaften

Das Blatt wendete sich, als ich Carola Studlar auf einem Fest wiedertraf. Ich kannte Carola aus alten Tagen, damals arbeitete sie für das Pressebüro Engelmeier. Bei unserem Wiedersehen hatte sie gerade ihre Film- und Fernsehagentur gegründet und sagte sofort zu, mich zu vertreten.

In atemberaubendem Tempo reaktivierte sie meine alten Kontakte und vermittelte mir neue. Schon nach kurzer Zeit bekam ich wieder zahlreiche Bühnenengagements und durfte in einem Derrick mitspielen.

Carola hat mich nicht nur bei meinen Rollen unterstützt, sondern half mir auch bei ganz lebenspraktischen Dingen.

Sie zwang mich förmlich, meine vier Wände zu verlassen und rauszugehen, wann immer mich die Schwermut überfiel. Gab es zwischen zwei Engagements eine längere Pause, war die Gefahr sehr groß, in ein tiefes Loch zu fallen.

Als es besonders schlimm um mich stand, schenkte mir Carola eine Woche Urlaub in Rottach-Egern am Tegernsee. Ich spazierte stundenlang durch die Landschaft und genoss die herbstliche Stimmung. Die Blätter der umliegenden Wälder hatten sich schon rot gefärbt, das Laub auf den Straßen verströmte einen leicht modrigen Geruch, morgens hing dichter Nebel über dem See. Mein kleiner Pudel Angelo leistete mir Gesellschaft und ab und zu kam Carola aus München angefahren, um mit mir zu Abend zu essen. Die Landschaft, die Ruhe und die Zeit für mich, ohne mich einsam zu fühlen, halfen mir, neuen Mut zu fassen.

Mein erster Mord

Schon viele Jahre vor Willems Tod bekam ich Rollen in Serien, die von Helmut Ringelmann produziert wurden. 1974 hatte er mich bei einem Vorsprechen für eine Rolle im Derrick mit den Worten »Die hat die Augen einer Mörderin. Die nehmen wir.« engagiert.

»Die Augen einer Mörderin« zu haben und eine spielen zu dürfen sind aber dann doch zwei sehr verschiedene Paar Schuhe. Genauso wie Willem Semmelroth betrachtete auch Ringelmann die Schauspieler, mit denen er zusammenarbeitete als sein »Ensemble«. Zum Ensemble gehörten Größen wie Horst Tappert, Rolf Schimpf, Klaus-Maria Brandauer, Maria Schell, Ursula Lingen, Uwe Friedrichsen, Sky du Mont, Michael Mendl, Ulrich Haupt, um nur einige zu nennen. Die ganze Crème de la Crème der Schauspielerzunft. Es war eine Auszeichnung, dazu gehören zu dürfen.

Ringelmann produzierte zahlreiche Serien im Deutschen Fernsehen, darunter *Polizeiinspektion*, *Der Kommissar*, *Siska* und *Der Alte*. Teil des Ensembles zu sein bedeutete bei ihm, kleine und größere Rollen zu übernehmen, je nachdem, welchen Charakter er zu besetzen hatte. Obgleich *Derrick* hohe Einschaltquoten versprach, hatte ich bei den Drehs zu diesem Krimi immer gemischte Gefühle. Der absolute Star der Serie, Horst Tappert, war im Umgang nicht leicht. Zu vielen Dingen, die unter Kollegen selbstverständlich sind, ließ sich Horst Tappert nicht herab. Anstatt andere Schauspieler bei ihren Einsätzen zu unterstützen, wurde er sehr schnell ungehalten, wenn sich Szenen verzögerten oder Dinge nicht nach seinen Vorstellungen liefen. Zugegeben, Horst Tappert hatte es auch nicht immer leicht mit den Gastschauspielern. Während diese in den unterschiedlichen Rollen und Charakteren brillieren konnten, blieb ihm nur der immer gleiche Derrick, der wenig Abwechslung bot.

In meinen jungen Jahren hatte ich in diesen Krimis Frauenrollen gespielt, die gutaussehend aber harmlos waren.

Nach Willems Tod nahm mich Ringelmann zur Seite und sagte: »Jutta, du kannst nicht nimmer nur die Hübsche spielen. Du musst ins Charakterfach, wenn du in den nächsten Jahren weiter Geld verdienen willst.«

Ich nahm mir seinen Rat zu Herzen – der Weg zur Mörderin war frei.

In meiner ersten Rolle als Mörderin spielte ich eine lesbische Frau, die den Ehemann ihrer Angebeteten aus Eifersucht um die Ecke bringt.

Die Zeiten waren zwar inzwischen schon etwas liberaler geworden, Homosexuelle kamen im öffentlich-rechtlichen Programm trotzdem kaum vor. Es war also klar, dass es zu Diskussionen in der Presse kommen würde und auch die in der Folge lesbischen Schauspielerinnen befragt werden könnten. Dass es nach Ausstrahlung der Folge zu Kontroversen geben könnte, war abzusehen. Nicht abzusehen war für mich jedoch, dass es schon am Set schwierig werden könnte.

Den Mord an dem Ehemann hatte ich, laut Drehbuch, schon begangen. Der Alte suchte den Täter und ich sollte mich nach meiner Geliebten verzehren. Ich versuchte also den Regieanweisungen zu folgen und gab meiner Leidenschaft durch eine zarte Berührung am Nacken der von mir Angebeteten Ausdruck. Die Kollegin kommentierte meine Annäherung mit den Worten »Ich verbitte mir jede Berührung«. Ich war verwirrt. Das stand so nicht im Skript.

Der Regisseur wusste auch nicht so recht, wie er mit der Situation umgehen sollte, hatte aber auch nicht den Mut, klare Worte zu finden.

Mein Debüt drohte zum Fiasko zu werden. Völlig verzweifelt rief ich bei Herrn Ringelmann an und schilderte ihm die Lage. Er kam sofort zum Motiv, setzte sich auf das Sofa am Set und schaute sich das Ganze an.

So, wie es im Drehbuch stand, kam ich noch einmal hinter ihr in den Raum, in der linken Hand hatte ich eine Teetasse, mit der rechten fasste ich ihr in den Nacken. Es kostete mich eh schon ein klein wenig Überwindung, denn die schwarzen Haare der Kollegin fühlten sich an wie Beton. Sie hatte Unmengen Haarspray verwendet, um ihren Bob in Form zu bringen. Wütend fuhr sie herum, stieß mir die Teetasse aus der Hand und schrie: »Ich lasse mich nicht anfassen!«

Ringelmann stand auf und brüllte, dass es auch der letzte Kabelträger am Set noch hören konnte: »Sie haben diese Rolle angenommen, jetzt spielen Sie sie auch!« Von da an konnten wir die Folge halbwegs unfallfrei abdrehen. Meinen ersten Mord hatte ich mir allerdings anders vorgestellt.

Ruth Marias Energiesteine

Wirklich Manschetten hatte ich nicht vor meinem Mord-Debüt, sondern vor einer Komödie, die ich mit der wunderbaren Ruth Maria Kubitschek spielen durfte. Ich hatte in dem Stück nur einen Auftritt, eine einzige große Szene mit sehr viel Text. Diese zu verpatzen, wäre ausgesprochen peinlich gewesen.

Während ich mit zittrigen Knien jeden Abend hinter der Bühne meinem Auftritt entgegenfieberte, hatte Ruth Maria ganz andere Vorkehrungen getroffen. Wie immer hatte sie auf der ganzen Bühne Edelsteine versteckt, die für gute Energien sorgen sollten.

Meine Rolle sah vor, dass ich die Bühne betrat und Ruth Maria mit großer Geste meinen Ehemann überließ. Bei der Harald-Leipnitz-Inszenierung musste jede noch so kleine Nuance stimmen.

Steht aber die anzusprechende Person plötzlich in einer anderen Ecke, wird es mit dem überzeugenden Auftritt schwierig. Ruth Maria hatte nämlich nicht nur Energiesteine auf der Bühne verteilt, sondern pendelte vor jeder Vorstellung aus, welcher Platz an diesem Abend besonders gut für sie war. Unglücklicherweise änderte sich diese Stelle öfter, sodass ich mich bei jedem Auftritt erst einmal kurz orientieren musste, wo sie an diesem Abend stand.

Ruth Marias sehr ausgeprägter Glaube an übersinnliche Phänomene ist mir ein Rätsel. Dennoch war es mir jeden Abend eine Freude, mit dieser ausgesprochen sympathischen Frau und großartigen und kollegialen Schauspielerin auf der Bühne zu stehen. Es war ihr immer wichtig, ihre Bühnenpartner nicht an die Wand zu spielen. Diese Generosität besitzen nicht viele ihres Ranges. Ganz besonders gerne erinnere ich mich an eine Situation mit Ruth Maria hinter der Bühne. An dem Tag fühlte ich mich elend und traurig. Ruth Maria legte mich auf die Couch in ihrer Garderobe und sagte, ich solle die Augen schließen. Sie strich mit ihren Händen über meinen Körper und wiederholte mit sanfter Stimme immer wieder den einen Satz: »Ich gebe dir Kraft, dein Körper fühlt sich ganz leicht an.« Wie auch immer sie es gemacht hat, hinterher ging es mir tatsächlich sehr viel besser. Danke Ruth Maria.

Reise nach Amerika

Mit den Jahren erwachte die Neugierde auf neue Welten und fremde Länder in mir, auf Orte, die ich bislang nur aus dem Fernsehen und aus Büchern kannte.

Willem liebte geschichtsträchtige Orte. Kirchen, Burgen und Ruinen waren ihm sehr viel lieber als weite Landschaften. Während ich davon träumte, auch mal mit dem Wohnmobil durch die einsamen Wälder Kanadas zu fahren, konnte er es kaum erwarten, kleine, mit Kopfstein gepflasterte Orte im italienischen Hinterland zu erkunden. In unseren 30 gemeinsamen Jahren konnte ich ihn nicht dazu überreden, Europa zu verlassen. Nun aber gab es niemanden mehr, mit dem ich mich hätte absprechen müssen. Es lag an mir ganz alleine herauszufinden, wo mich die Sehnsucht hintrieb. Sie trieb mich an die Westküste Amerikas.

Unerfahren in Fernreisen schien es mir eine gute Idee, meine ersten Schritte in die Freiheit im Schutz einer Gruppe zu unternehmen, also buchte ich eine Gruppenreise.

Ich ging davon aus, dass ich mit der Reise eine Art Rundum-sorglos-Paket gekauft hatte und der Veranstalter einen Reiseleiter mitschicken würde, an den ich mich von der ersten bis zur letzten Minute wenden konnte. Mein Englisch reichte zwar für nette Unterhaltungen, nicht aber für Abenteuer in einem fremden Land.

Naiv wie ich war, dachte ich, dass sich unsere Reisegruppe beim Abflug zusammenfinden würde und ich nichts weiter zu tun hätte, als der Gruppe hinterher zu trotten. Woran ich meine Mitreisenden erkennen könnte, darüber hatte ich mir keine Gedanken gemacht. Während des gesamten Fluges hielt ich Ausschau nach verdächtigen Prospekten und belauschte die Gespräche der mich Umgebenden. Ich nutzte jede Gelegenheit, die anderen Passagiere zu mustern. Vom Reiseleiter oder Mitreisenden keine Spur. Weder im Flugzeug noch am Flughafen in Los Angeles.

Stattdessen stand ein Mexikaner ohne jegliche Englischkenntnisse, dafür aber mit einem handbemalten Schuhkartondeckel am Ausgang. Auf der Pappe stand: »Mrs. Kammann, Germany«. Der Mann brachte mich ins Hotel und half mir mit meinem Gepäck. Auch hier kein Reiseleiter, aber das war mir inzwischen auch schon egal. Von dem 12-stündigen Flug und dem Jetlag hundemüde, wankte ich auf's Zimmer und beschloss, mich am nächsten Morgen auf die Suche nach meinen Mitreisenden zu machen.

Als beim Frühstück immer noch niemand auftauchte,

machte sich langsam Panik in mir breit. Für 10 Uhr war im Programm eine Sightseeingtour durch L. A. angekündigt, mir blieben nur noch fünf Minuten. Todesmutig und sichtlich verzweifelt ging ich an die Rezeption: »I'm looking for my travel group. Please, can you help me?« Der freundliche Mitarbeiter wies mir den Weg in eine versteckte Ecke des Foyers und siehe da, alle hatten sich schon eingefunden.

Aus Angst und Unsicherheit hatte ich inzwischen eine gehörige Wut auf den Reiseleiter entwickelt. Ich ging zu ihm hin und las ihm die Leviten. »Warum haben Sie sich bei mir nicht gemeldet? Ich hätte mich sehr viel sicherer gefühlt, wenn Sie sich gleich bei meiner Ankunft vorgestellt hätten.« Der amerikanische Tourguide sah mich entgeistert an und wusste nicht so recht, was diese aufgebrachte, rothaarige Frau von ihm wollte. Er war schließlich nur für die Sightseeingtour gebucht worden.

Ich ahnte nicht, dass das erst ein Vorgeschmack auf meine weiteren Reiseabenteuer sein würde. Ich hatte noch viel zu lernen.

Zuerst ging es von Los Angeles nach Las Vegas, dort wohnten wir im Luxor, einer futuristischen Pyramide mit einer Sphinx vor dem Eingang. Von dort machten wir einen Flug in einer winzigen Maschine für acht Fluggäste über den Grand Canyon und landeten auf einer Sandpiste bei einem Indianerstamm, der für uns ein Barbecue vorbereitet hatte. Das Barbecue war großartig, der Flug zurück hingegen ziemlich wackelig.

Vor dem Flug hatte ich vorsichtshalber ein starkes Mittel gegen Reiseübelkeit genommen, schließlich war ich noch nie in einem so kleinen Flugzeug geflogen. Ich hatte wilde Geschichten über Luftlöcher und Windböen gehört, denn das Wetter wechselte über dem Grand Canyon rasend schnell.

Als wir nach dem Abendessen bei den Indianern wieder zu unserem Flugzeug wanderten, sah man die dunklen Wolken über dem Grand Canyon schon aufziehen. Das Unwetter umfliegen war nicht möglich, der Pilot musste zusehen, dass er halbwegs unbeschadet hindurch kam. Um uns herum donnerte es, die Blitze zuckten und der Regen peitschte gegen das Fenster. Während ich dank meines Reisemittels immer mehr Gefallen an der Achterbahnfahrt entwickelte, waren die anderen sieben Mitreisenden, die vorher groß getönt hatten, hörbar mit anderen Dingen beschäftigt.

Aufgedreht durch dieses besondere Abenteuer, kam ich so richtig in Stimmung und wollte mehr erleben. Nach einer gemeinsamen Show im Flamingo verließ ich die Gruppe und stellte mich an, um eine Karte für die Mitternachtsvorstellung von Siegfried und Roy im Mirage zu ergattern. Ich hatte in Deutschland schon einige Shows und Galas besucht, in der ein oder anderen wurden auch Zaubertricks vorgeführt. Was mich aber hier in Las Vegas erwartete, überstieg alles, was ich mir in meinen kühnsten Träumen vorgestellt hatte. Die weißen Tiger und Löwen, die Tänzer, die Musik, die Kostüme – es war unbeschreiblich. Feuerbälle flogen durch den Zuschauerraum und materialisierten sich als Siegfried und Roy. In ihren funkelnden schwarzen Umhängen und einer Art Riesenzauberstab in Händen verwandelten sie eine böse Königin in einen weißen Tiger. In den nächsten eineinhalb Stunden folgte ein Spektakel auf das andere. Ich wusste gar nicht, wo ich zuerst hinschauen sollte.

Nachts um zwei war die Show aus. Völlig berauscht unternahm ich einen vermeintlich kleinen Spaziergang auf dem Strip zurück zum Hotel Luxor, der sich zu einer großen Wanderung auswuchs.

In der Morgendämmerung fiel ich erschöpft und glücklich ins Bett. Ich träumte von weißen Tigern und fliegenden Löwen.

Von Las Vegas ging es zuerst in den Yosemite National-park zum El Capitan und den gigantischen Redwood Trees, anschließend in die Sierra Nevada und weiter nach San Francisco. Der Highway Number One sollte uns zurück nach Los Angeles bringen. Der Reiseleiter hatte ein letztes gemeinsames Mittagessen in einem mexikanischen Restaurant in Santa Barbara geplant.

Als wir mit dem Essen fertig waren, gingen wie bei einem Schulausflug alle noch einmal auf die Toilette. Ich ließ den anderen Frauen den Vortritt und verschwand als letzte auf dem stillen Örtchen.

Nach zwei oder drei Minuten kam ich wieder raus und stand mutterseelenallein vor dem Restaurant. Keine Spur von meiner Gruppe, weit und breit niemand mehr zu sehen. Sie hatten mich einfach vergessen und waren ohne mich zum Bus gegangen.

Auf dem Hinweg vom Bus zum Restaurant hatte ich mit einer Mitreisenden geplaudert und nicht auf den Weg geachtet. Ich hatte mir keine Straßennamen und keine Abzweigungen eingeprägt, war völlig orientierungslos. Immerhin hatte ich Geld und Ausweis in meiner Tasche, aber wie sollte ich nach L. A. zurückkommen?

Als mir niemand, den ich ansprach, sagen konnte, wo die großen Touristen-Busse parkten, bekam ich Panik.

»Jutta, du musste jetzt einen kühlen Kopf bewahren und nachdenken«. Ich ging wieder zu unserem Restaurant, setzte mich auf die Stufen vor der Eingangstür und wartete. Nach zirka 30 Minuten kam mein Bus um die Ecke gebogen, die Tür öffnete sich und der Reiseleiter fragte mich lachend, warum ich nicht mit der Gruppe mitgegangen wäre.

Ich war so erleichtert, dass ich mich nur noch kommentarlos in meinen Sitz sinken ließ.

Und dann kam Gilla

Die Reise nach Amerika hatte ein Fernweh in mir entfacht, das sich so leicht nicht mehr löschen ließ. Ich wollte die Welt erkunden, auch wenn es zu zweit sicher schöner gewesen wäre als alleine in einer Gruppe.

Meine nächste Reise sollte nur ein paar Tage dauern, mehr konnte ich mir im Hotel Castillo Son Vida nicht leisten und in ein einfaches wollte ich nicht gehen. Mallorca war inzwischen zur Lieblingsinsel der Deutschen geworden, sodass es auch preiswerte Flüge von München nach Palma de Mallorca gab.

Den Tag alleine zu verbringen, ist auf einer so abwechslungsreichen Insel wie Mallorca ein Kinderspiel. Sehr viel schwieriger ist es, angenehme Gesprächspartner für den Abend zu finden.

Die ersten beide Abende saß ich alleine auf meinem Zimmer und bestellte mir eine Kleinigkeit beim Roomservice. Die Vorstellung, an einem Tisch zu sitzen und von allen mitleidig angeschaut zu werden, war mir ein Graus.

Am dritten Abend war Schluss damit: »Jutta, du kannst dich nicht verstecken. Wenn du mit jemandem reden willst, musst du auch unter Leute gehen.«

Ich nahm all meinen Mut zusammen, zog mein weißes Designerkostüm, das ich nach einer Fernsehproduktion zum halben Preis kaufen durfte, an und machte mich, bewaffnet mit Ansichtskarten, Zeitschriften und Büchern auf den Weg zur Bar. Niemand sollte auf die Idee kommen, ich könnte einsam sein.

Die Bar war schön, aber völlig leer. Kein Mensch geht in Spanien um 21 Uhr in eine Bar, das Leben beginnt hier sehr viel später. Einen Moment lang überlegte ich, zurück auf's Zimmer zu flüchten, riss mich aber dann doch zusammen und hielt Ausschau nach einem guten Platz.

In einer Ecke stand ein riesengroßer Tisch mit einer ebenso großen Ledercouch, auf der mindestens sechs Personen Platz gefunden hätten. Ich setzte mich mit meinen Utensilien in eine Ecke der Couch und gab mich beschäftigt.

Nach und nach füllte sich der Raum. Die Menschen an der Bar unterhielten sich prächtig. Sie lachten, rauchten und legten sich den Arm auf die Schulter. Ich saß alleine auf dem Sofa. Mir schien, als säße ich in einem unsichtbaren Kreis, den sich niemand zu durchbrechen traute. Alle Tische waren besetzt, um mich machten alle einen großen Bogen. Ich war hin- und hergerissen. Einerseits war ich ganz froh, dass ich so unnahbar wirkte, andererseits wollte ich ja Menschen kennenlernen und war genau deshalb in die Bar gegangen.

Doch dann kam Gilla. Sie machte mit ihrem Mann Urlaub auf Mallorca, die beiden wollten es sich ein paar Tage gut gehen lassen.

Er steuerte zielgerichtet auf die Bar zu und gesellte sich zu einer üppigen Blondine, sie sah diese zierliche Frau im weißen Kostüm auf der riesigen Couch und ärgerte sich ein wenig über deren Dreistigkeit, die ganze Couch für sich alleine in Anspruch genommen zu haben. Sie ging auf mich zu, setzte sich direkt neben mich und sagte in energischem Tonfall: »Sie gestatten doch? Mein Mann steht da an der Bar und flirtet mit der Blondine.« Ich schaute sie an und erwiderte mit glücklicher Stimme: »Aber ja, selbstverständlich.« Ich war erleichtert, dass sich eine kultivierte Frau neben mich setzte und nicht einer dieser geltungsbedürftigen Managertypen, die an der Bar standen und sich in ihrer Wichtigkeit zu übertrumpfen versuchten.

Wir sind ungefähr im gleichen Alter und verstanden uns vom ersten Moment an, obwohl unsere beiden Leben verschiedener kaum hätten sein können. Gilla wuchs in Wetzlar mit zwei Brüdern auf. Im Gegensatz zu meiner, war ihre

Kindheit wohlbehütet, sie liebte ihre Eltern und ihre Geschwister und wohnt inzwischen wieder in ihrem Elternhaus. In ihrer Babypause studierte sie BWL und wurde sehr bald Finanzdirektorin und Geschäftsführerin der Haru Holding für den deutschsprachigen Raum. Gilla war eine von Hans-Jörg Seebergers, dem Inhaber des Imperiums, engsten Mitarbeiterinnen und verbrachte viel Zeit in Hongkong, dem Firmensitz der Holding. Zu seinen Firmen zählten Marken wie Junghans, Salamander, Dugena und Goldpfeil. Davon erfuhr ich aber erst später.

Gilla hatte mir viel von ihrem Chef erzählt, persönlich kennenlernen durfte ich Seeberger auf meiner ersten Asienreise und hatte sogar das Privileg, seine Produktionsstätten in der Sonderverwaltungszone Hongkongs auf dem chinesischen Festland besichtigen zu dürfen. Als uns Seeberger damals mitteilte, dass wir morgens um 3 Uhr aufstehen müssen, um das Programm zu schaffen, war ich alles andere als begeistert. Wie hätte ich auch ahnen sollen, dass dieser Tag der aufregendste der ganzen Reise werden würde? Unverhofft bekam ich einen Einblick in den chinesischen Arbeitsalltag.

Bei den Firmen, die wir besuchten, prangte schon am Eingangstor ein großes Schild, auf dem in leuchtenden Buchstaben geschrieben stand: »Welcome Mrs. Schäfer, welcome Mrs. Kammann!« Neben den Schildern stand jedesmal ein Mann in Uniform mit Gewehr, der salutierte, wenn wir vorbeigingen.

Bis zu diesem besonderen Erlebnis dauerte es aber noch ein paar Jahre, der Grundstein war jedoch gelegt.

Wir saßen also auf der Couch, redeten, lachten, und hatten schon nach kurzer Zeit das Gefühl, uns nicht fremd zu sein. Dennoch verabredeten wir uns nicht für den nächsten

Tag, sondern gingen nach einem freundlichen Gutenacht-gruß unserer Wege.

Am nächsten Morgen machte ich mich auf den Weg zum Ballermann.

In den deutschen Boulevardblättern war immer wieder von Menschen zu lesen, die auf Mallorca aus Eimern Sangria tranken. Ich war sehr neugierig, ob diese schauderhaften Erzählungen der Wirklichkeit entsprachen.

Mein Plan war, ein Stück den Strand entlang zu spazieren und irgendwann mit dem Bus zurückzufahren. Nach einer Weile sah ich aus dem Augenwinkel das Ehepaar vom Abend zuvor. Gilla saß mit ihrem Mann in einem Restaurant, beide winkten mich heran und luden mich ein, mit ihnen gemeinsam zu lunchen. Nach dem Essen boten sie mir an, mich in ihrem Auto mit zurück zum Hotel zu nehmen. Gerne nahm ich an.

Unser Hotel lag oben auf dem Berg, die Straße dorthin war eine einzige Serpentine. Ich wollte nicht undankbar wirken und Ansprüche stellen, deshalb behielt ich es für mich, dass ich kurvige Straßen auf der Rückbank nur sehr schlecht vertrage.

Gilla und ihr Mann priesen auf der Autofahrt die Landschaft und erzählten mir in allerbester Laune, was sie auf der Insel schon besichtigt hatten. Sie bemerkten gar nicht, dass ich hinten immer einsilbiger wurde und mein Gesicht einen grünlichen Farbton angenommen hatte.

Oben angekommen konnte ich gerade noch die Tür aufreißen und übergab mich neben dem Auto: der Beginn einer wunderbaren Freundschaft. Noch heute lachen wir über diesen denkwürdigen Anfang.

Von da an frühstückten wir jeden Tag gemeinsam und

fuhren zu dritt über die Insel – ich nur noch vorne – schlenderten am Strand entlang und unterhielten uns über Gott und die Welt.

Nach einer Woche verabschiedeten wir uns voneinander und gaben uns das Versprechen, in Kontakt zu bleiben.

Freundschaften, die im Urlaub geschlossen werden, haben selten auch im Alltag bestand. Ähnlich wie griechische Zigaretten, die nur in Griechenland schmecken und Fish und Chips, die man in einem Pub in London großartig findet, in München jedoch niemals freiwillig essen würde, sind diese Freundschaften oftmals so eng mit dem Ort und der Urlaubsstimmung verwoben, dass sie sich nach den Ferien schal anfühlen und sehr schnell einschlafen.

Mit Gilla und ihrem Mann war es anders. Kaum wieder zu Hause, telefonierten wir und tauschten uns darüber aus, was in den wenigen Stunden geschehen war. Die Telefonate mit ihr gaben mir, was ich schon lange vermisst hatte – das Gefühl eine Vertraute zu haben.

Unser nächstes Wiedersehen fand in Stuttgart statt. Ich spielte an der Komödie im Marquardt und die beiden fuhren den weiten Weg, um mich einmal live auf der Bühne zu erleben.

Inzwischen hatte ich erfahren, dass Gillas Mann schon vor Jahren an der Bauchspeicheldrüse erkrankt war und es schlecht um ihn stand.

An Silvester 2000 verstarb er.

Plötzlich hatten wir eine Gemeinsamkeit – wir wussten nun beide, was es heißt, einen geliebten Menschen durch Krankheit zu verlieren.

Wir telefonierten nun fast täglich und entschieden uns sehr bald, den nächsten Urlaub gemeinsam zu verbringen.

Seefahrerglück

Nach einem ersten gemeinsamen Kurzurlaub, einen Probe-
urlaub gewissermaßen, buchten wir unsere erste längere
Reise, eine Reise auf einem Kreuzfahrtschiff durch die Karibik. Die Fahrt von Insel zu Insel bietet zwar aufgrund der
gleichbleibenden Vegetation nicht allzu viel Abwechslung,
dennoch war sehr schnell klar, dass uns diese Form des Rei-
sens sehr behagte und wir es genossen, auf dem Schiff ein
Zuhause zu haben und von dort je nach Lust und Laune
neue Welten erobern zu können.

Aus einer Reise wurden Dutzende. Gilla hat in ihrem Ar-
beitszimmer eine Weltkarte hängen und markiert jeden
Ort, den wir erkundet haben, mit einer kleinen Pinnnadel.

Inzwischen ist die Weltkarte mit Nadeln übersät. Wir
umrundeten gemeinsam Kap Horn, fütterten Kängurus
in Australien, flanierten entlang der Copacabana, fuhren
durch den Panamakanal, machten Safaris in Afrika und gingen in Alaska mit Schwarzbären auf Tuchfühlung.

Die Fahrt mit den Hundeschlitten auf Spitzbergen
war für uns ein ganz besonderes Erlebnis. Wir sind beide
hundeverrückt, hätten aber nie damit gerechnet, auf dieser
Fahrt die Hunde sogar mit einspannen zu dürfen. Einige der
Hunde waren sehr anhänglich und ließen es sogar zu, dass
wir ein bisschen mit ihnen rumschmusten.

Der Leiter der Hundeschlittenstation musterte uns von
oben bis unten und bot uns einen Overall an, den er spezi-
ell für Kunden vorrätig hatte. Ich wollte zuerst ablehnen,
schließlich hatte ich mich für die Reise mit warmer Funk-
tionskleidung ausgerüstet, dann aber wurde mir schnell
klar, dass es nicht um Wärme, sondern um Dreck und
Hundeliebkosungen ging. Gilla und ich schlüpften in die
viel zu großen orangen Anzüge und machten uns an die Arbeit. Der Leiter nahm uns mit auf seinen Sulky und los ging

es. Die Mittagssonne stand schräg am Himmel, die Hunde bellten und rasten mit uns durch die Landschaft. Gilla und ich verschmolzen mit den Hunden und der Landschaft. Geschmolzen war auch der Schnee. Durch den Klimawandel sind im Hochsommer leider große Fläche des Archipels schneefrei, sodass die Hunde inzwischen nicht mehr durch weite Schneelandschaften laufen können, sondern anstatt mit Schlitten und Kufen nun mit Sulkys und Rädern unterwegs sind.

Die Freundschaft mit Gilla begann ungefähr zeitgleich mit meinem Einstieg bei *In aller Freundschaft*. Mit über 50 Jahren fing ich nun an, neue Facetten von Freundschaften kennenzulernen.

In aller Freundschaft

Die Wiedervereinigung war 1998 schon fast ein Jahrzehnt auf dem Papier vollzogen, so recht zusammengefunden hatten die Menschen aus Ost- und Westdeutschland zu diesem Zeitpunkt noch nicht. Das Abendprogramm war dominiert von westdeutschen Serienformaten, der Osten kam im Unterhaltungssektor kaum vor.

Die Idee der Bavaria Filmproduktion war nun, eine Klinikserie ins Programm zu nehmen und so dem Zusammenwachsen von Ost und West, zumindest im TV, Vorschub zu leisten.

Während es in den 80er-Jahren im Westen die Schwarzwaldklinik gab, sollte nun im Osten, genauer in Leipzig, die neue Ära der gesamtdeutschen Arztserien eingeleitet werden. Statt Schwarzwaldklinik, Sachsenklinik.

Für die Rollen waren überwiegend Schauspieler aus dem ehemaligen Osten vorgesehen. Um auch das westdeutsche Publikum beim Zappen durch die Programme zu fesseln, brauchte man aber noch dringend ein Gesicht, das im Westen und Osten bekannt, aber nicht berühmt war.

Im Westdeutschen Fernsehen hatte ich bei über 100 Fernsehproduktionen unter anderem Krimis wie *Derrick*, *Siska* und den Straßenfegern der 70er- und 80er-Jahre, die auch im Osten empfangen wurden, mitgespielt. Durch meine roten Haare war mein Wiedererkennungswert hoch, was beim Zappen enorm wichtig ist.

Die Produktionsfirma ging auf meine Agentin zu und lud mich nach Leipzig ein.

Unter Dach und Fach

Agenten und Agentinnen sind für Schauspieler überlebensnotwenig. Sie knüpfen nicht nur die Kontakte zu Produktionsfirmen und sorgen für die Sichtbarkeit von Schauspielern, sie sind auch diejenigen, die die Verträge aushandeln. Gute Agenten kennen alle Finessen, sie sind diejenigen, die auch auf das Kleingedruckte achten. Ausgehandelt wird alles: von der Unterbringung während der Filmaufnahmen, über die Anreise, die Drehtage, die Verpflegung am Set und natürlich die Gage. Die Wahl der Agentur, von der man vertreten wird, hat ganz entscheidende Auswirkungen auf die Karriere und den eigenen Geldbeutel. Das gilt bei einmaligen Auftritten in einem Film und noch sehr viel mehr bei langfristigen Engagements in Serien. Von einer guten Agentur vertreten zu werden ist deshalb wie ein Sechser im Lotto. Carola Studlar besprach mit mir im Vorfeld meine Wünsche und Vorstellungen und handelte jedes noch so kleine Detail für mich aus. Nach wochenlangen Verhandlungen mit dem Produzenten Oliver Vogel war es endlich so weit, der erste Jahresvertrag bei *In aller Freundschaft* war unter Dach und Fach.

Carola ging ihn noch einmal mit mir durch, fuhr nach Leipzig und unterschrieb in meinem Auftrag.

Ein ganzes Jahr finanziell abgesichert zu sein, ist in unserer Branche mehr, als man sich wünschen kann. Mit dieser Unterschrift konnte ich alle finanziellen Ängste hinter mir lassen, denn Oberschwester Ingrid begleitete mich bis zum Ende meiner beruflichen Laufbahn, 16 Jahre lang.

Oberschwester Ingrid

Zu einer Oberschwester im Fernsehen gehört das passende Outfit, aber auch ein klein wenig medizinisches Grundwissen, um bei den Handgriffen am Patienten überzeugend zu wirken.

Noch vor dem ersten Drehtag hieß es deshalb, Grundlagen lernen und Schwesterntracht einkaufen.

Wie bei allen Arztserien, gibt es auch bei *In aller Freundschaft* eine medizinische Fachberaterin, die am Set alle Diagnosen und Handlungen auf ihre Richtigkeit überprüft und dafür sorgt, dass die Krankheitsfälle authentisch vermittelt werden. Während meiner Zeit war das Lydia Rudolph, die mich schon vor dem ersten Drehtag unter ihre Fittiche nahm. Ich lernte überzeugend Blutdruck zu messen, Infusionsbeutel zu überprüfen und fachgerecht auf Spritzen zu klopfen, damit bei intravenösen Zugängen keine Luft in den Blutkreislauf gelangt. Ich übte mit ihr die richtigen Handgriffe, um vermeintliche Patienten richtig zu lagern und einfühlsam zuzudecken. Vor der Kamera musste es so aussehen, als sei Oberschwester Ingrid eine erfahrene medizinische Fachkraft, die Patienten routiniert versorgen kann und ihr Wissen an Schwesternschülerinnen weitergibt. Lydia sorgte dafür, dass mir die Handgriffe so in Fleisch und Blut übergingen, dass ich mich ganz auf die parallel laufenden Dialoge mit den Patienten konzentrieren konnte.

Zu einem überzeugenden Auftritt gehört aber noch mehr als das nötige Fachwissen, dazu braucht es auch das passende Outfit und das gibt es in einem Fachhandel für Berufsbekleidung.

Bei meiner berufsbedingten Shoppingtour mit einer Kostümbildnerin spürte ich das erste Mal den Unterschied zwischen Ost und West. Der Laden befand sich in einem Viertel, das heute aufgrund von Drogen und Kriminalität zu den Problemvierteln Leipzigs zählt. Die Bürgersteige waren aufgerissen, die Straßen hatten tiefe Schlaglöcher, die Häuser, an denen wir vorbeigingen, sahen dunkel und verlassen aus. Kurz, die ganze Atmosphäre hatte etwas Trostloses. Über Leipzig hing noch der typische DDR-Geruch, eine Mischung aus Kohle, Formaldehyd und Tristesse.

Die resolute Fachverkäuferin und meine Kostümbildnerin suchten Kittel für mich aus, die eigentlich viel zu groß waren. Die Damen wirkten, als würden sie ihre Kompetenz von mir nicht in Zweifel ziehen lassen wollen, also sparte ich mir diskrete Hinweise, dass vielleicht auch zwei Nummern kleiner reichen würden.

Das Ergebnis dieser Shoppingtour sieht man in den ersten Folgen sehr deutlich – ich sah in meinem Kittel verloren aus.

Im Fachhandel für Berufsbekleidung Ausstattungen für Filmaufnahmen zu kaufen, brachte noch ein weiteres Problem mit sich – die strahlend weiße Schwesterntracht war nicht kameratauglich. Das reine Weiß führte zu harten Kontrasten und musste mit einer Schwarztee-Wäsche abgemildert werden.

Durch den Gelbschleier, der dadurch entstand, sah der Kittel an mir noch armseliger aus.

Ausgestattet mit rudimentären Fachkenntnissen und Schwestern-Outfit stand meinem Dreh für die erste Folge der Sachsenklinik nichts mehr im Wege.

Morgens holte mich ein Wagen im Hotel ab. Der Fahrer öffnete mir die Wagentür, ich stelle mich bei ihm vor: »Guten Morgen, mein Name ist Jutta Kammann.« Er sagte: »Ich heiße Herr Taube.« Herr Taube, der vor ein paar Jahren noch Genosse Taube war, brachte mich in die Rehaklinik nach Bad Lausick wo die Außenaufnahmen gedreht wurden.

Der erste Tag

Meine neuen Kollegen lernte ich direkt am Set kennen. Wir waren konzentriert und wussten alle nicht so recht, was uns erwarten würde.

Unter den Kollegen herrschte eine ungeheure Aufbruchstimmung, jeder versuchte sich in das Ganze einzufügen, dafür zu sorgen, dass es ein Erfolg werden würde.

Das Drehbuch sah, neben zahlreichen anderen Rollen, einige junge engagierte Ärzte vor, den väterlichen Prof. Bellmann und die strenge, resolute Oberschwester Ingrid.

Meine allererste Szene in der Sachsenklinik spielte sich dann auch folgendermaßen ab:

Schwester Yvonne knutscht mit einem Arzt und verabredet sich mit ihm für den Abend. Er muss dringend in eine OP und reißt sich von ihr los.

Auftritt Oberschwester Ingrid. Enger, weißer knielanger Rock, weißer Kittel. Die Haare mit einem weißen Zopfband zusammengebunden. Sie kommt ins Schwesternzimmer und bemerkt den Flirt zwischen Schwester und Arzt.

Oberschwester Ingrid: Schwester Yvonne, ich hoffe, Sie haben heute Abend noch nichts Wichtiges vor, Sie müssen nämlich die Nachtschicht von Schwester Regina übernehmen. Und ich bin sicher, das tun Sie genauso gerne, wie ich meine Augen verschließe.
Schwester Yvonne: Na hören Sie mal!
Oberschwester Ingrid: Ich sehe, wir verstehen uns.

Schon nach meinem ersten Satz war klar, dass ich keine Sympathieträgerin werden würde.

In der ersten Folge ging es um einen Selbstmörder, gespielt von Rolf Becker. Der Mann stand auf dem Klinikdach, zu allem bereit. Die drei jungen Ärzte, die Guten in der Serie, rannten in Richtung Dach und raunten sich zu, dass Oberschwester Ingrid schon vor Ort sei. Man konnte an den Gesichtern ablesen, was sie dachten: Ingrid, das Schreckgespenst. Bei einem Selbstmörder.

Die Idee, die jungen Ärzte überwiegend positiv darzustellen und die leitende Krankenschwester ausschließlich negativ zu zeichnen, wurde dem Berufsbild der Krankenschwester nicht gerecht. Mit der Zeit erkannte man, dass man einen physisch und psychisch so herausfordernden Beruf über einen längeren Zeitraum nicht negativ darstellen darf.

Im ersten Jahr musste ich diese Rolle der zickigen, bösen Oberschwester ausfüllen, dann wurde die Dramaturgie umgestellt und damit wendete sich das Blatt. Aus der Schreckschraube wurde im Laufe der Jahre die gute Seele der Sachsenklinik. So wie bei Oberschwester Ingrid wurden auch bei vielen anderen Figuren die Charaktere nach und nach weniger klischeehaft gezeichnet. Es gab nicht mehr nur die zickige Oberschwester, die sexy Lernschwester, den eitlen Professor und die sympathischen jungen Ärzte, sondern Rollen, die differenzierter waren und mehr dem richtigen Leben entsprachen.

Nach dem fulminanten Auftakt ging es mit Dramen und Liebeleien weiter. Herz und Schmerz wurden in allen Tonarten durchdekliniert. Politische Themen hingegen sollten Ende der 90er-Jahre in einer Arztserie keine Rolle spielen. Das Ost-West-Thema wurde völlig außen vor gelassen, wobei es ja gerade dieses Thema war, das viele Menschen sehr beschäftigte.

Auch wenn in der Serie nicht über Politik gesprochen werden durfte, so hatte sie doch etwas sehr Politisches. Wir haben am Set gezeigt, dass die deutsch-deutsche Zusammenarbeit funktioniert, dass Ossis und Wessis gemeinsam eine sehr erfolgreiche Unterhaltungsserie auf die Beine stellen können, zumindest unsere Produktionsfirma und der MDR konnten es.

Etwas schwieriger waren die ersten Jahre mit den Kolleginnen und Kollegen. In der DDR waren Schauspieler Staatsbedienstete, die ein festes Einkommen hatten und sich keine Gedanken darüber machen mussten, wo das nächste Engagement herkommt, sofern sie sich mit dem politischen System arrangierten.

Am Set

In der Serie gab es mehrere feste Regisseure. Ein Regisseur ist immer für einen Block von drei Folgen zuständig. Der Block dauerte drei Wochen. Er musste im Vorfeld die Außenmotive suchen, die Vorarbeiten leisten, die Besetzung machen und sich um die Bücher und die Nachbearbeitung kümmern. Als Schauspieler bedeutet das, dass man nicht chronologisch eine Szene nach der anderen dreht, sondern nach Motiven und zwischen den einzelnen Folgen innerhalb des Blocks springt. Ständig zwischen Innen- und Außenaufnahmen zu wechseln, wie es später dann im Film zu sehen ist, wäre viel zu aufwendig.

Während der Dreharbeiten wohnte ich immer in einem Hotel. Wie lange ich jeweils in Leipzig blieb, hing vom Drehplan ab. Manchmal war es nur für ein oder zwei Tage, oft länger, sogar bis zu vier Wochen am Stück.

Wollte ich Urlaub machen oder hatte einen Drehtag in einer anderen Produktion, musste ich das mit einem langen

Vorlauf ankündigen und Sperrzeiten beantragen, damit das im Drehplan berücksichtigt werden konnte.

Trotz all unserer Motivation hatte die Serie nur mäßigen Erfolg. Dramaturgisch waren drei Erzählstränge vorgesehen, was die Geschichte so komplex machte, dass das Publikum das Interesse verlor. Nach zwölf Monaten waren die Quoten so schlecht, dass die ARD die Serie einstellen wollte. Der MDR versuchte trotzdem *In aller Freundschaft* zu erhalten. Nach dem ersten Jahr kam Jana Brandt als neue Fernsehspielchefin zum MDR. Zusammen mit Hans-Werner Honert, dem Geschäftsführer der Saxonia, Oliver Vogel, dem Produzenten von IaF (In aller Freundschaft) und dem Chefdramaturgen Torsten Lenkeit entwickelt sie ein neues Konzept. Und wir Schauspieler machten große vertragliche Zugeständnisse für das zweite Jahr.

Mit einem neuen Konzept und nur noch zwei Erzählsträngen ging *In aller Freundschaft* plötzlich durch die Decke. Es gab nur noch den privaten Erzählstrang, wie beispielsweise Prof. Simoni und Oberschwester Ingrid zu Hause, und den in sich abgeschlossenen Krankenfall in der Klinik.

Der Cast bestand anfangs aus neun festen Schauspielern und Schauspielerinnen. Mit der Zeit vergrößerte sich das Ensemble. Je mehr Schauspieler in die Serie eingebunden wurden, desto kleiner wurden allerdings die einzelnen Kuchenstücke, also Drehtage, die es zu verteilen gab.

Ein ganz normaler Drehtag

Der Beruf des Schauspielers hat sehr viel mit Disziplin und Pünktlichkeit zu tun. Die vielen Zahnrädchen, die ineinandergreifen müssen, tun dies nur dann reibungslos, wenn sich alle ihrer Verantwortung bewusst sind.

Wenn ich zum Beispiel im ersten Bild=Szene war, begann der Tag für mich schon um 5 Uhr morgens. Ich brauche morgens immer einige Zeit, bis ich soweit wach bin, den Tag gut beginnen zu können.

Natürlich gab es um diese Zeit noch kein Frühstück im Hotelrestaurant. Als Stammgast bereitet man mir jedoch jeden Morgen liebevoll das Frühstück zu nachtschlafender Zeit und brachte es mir auf das Zimmer. Tee, Vollkornbrot, Joghurt, Aufschnitt, Obst – ein richtig kräftiges Frühstück, das mich durch den Tag brachte. Ein Butterbrot nahm ich mir mit, um es in der Mittagspause zu verspeisen. Nach dem Frühstück holte mich der Fahrer um 7 Uhr im Hotel ab.

Zu dem Zeitpunkt hatte ich mir die Haare schon selber aufgedreht und fuhr bereits mit Lockenwicklern in die Firma.

Alle Schauspieler haben das Privileg, in ihrem Hotel oder ihrer Leipziger Wohnung abgeholt zu werden. Für uns war es sehr komfortabel, für die Produktion brachte es eine gewisse Sicherheit, pünktlich beginnen zu können.

In der Firma angekommen hatte ich eineinhalb Stunden für Garderobe und Maske. Danach ging es runter ins Studio.

Ingrid lernt Autofahren

Im echten Leben fahre ich sehr gut und gerne Auto. Egal, ob man mir einen Bus oder einen Cinquecento hinstellt, ich fahre ihn.

Nur weil Jutta im richtigen Leben etwas kann, bedeutet das noch lange nicht, dass es auch Oberschwester Ingrid hinbekommt.

Prof. Simoni hatte einen schicken BMW oder Mercedes, Ingrid traute sich aber nicht, den großen Wagen zu fahren. Eingeleitet wurde das Thema mit einer Szene, in der Schwester Yvonne im Schwesternzimmer darüber schwadroniert, gesehen zu haben, wie Ingrid mit 20 km/h durch die Gegend schleicht. Um mir das Fahren beizubringen, musste der junge Zivildienstleistende ran.

Steve Windolf, der damals gerade von der Leipziger Schauspielschule kam und in der Serie Sebastian Maier spielte, wurde mir als Fahrlehrer zur Seite gestellt.

Für die Filmaufnahmen waren ein Kameramann und der Regisseur auf der Rückbank. Vor Beginn unserer Übungsfahrt fragte mich Steve, der keine Ahnung hatte, wer die Schauspielerin neben ihm war, ob ich denn überhaupt Autofahren könne.

Ich sagte: »Ja, ich denke schon.« Die Baubühne hatte auf dem Übungsparkplatz orange Hütchen aufgestellt. Ich sollte, laut Drehbuch, den Wagen sehr bedächtig durch diese Pylonen steuern. Nach dem dritten oder vierten Durchgang sollte der Groschen fallen. Die zweite Kamera war auf einer Hochbühne installiert und hatte so den ganzen Platz unter sich.

Ich hielt mich ans Drehbuch, fuhr erst zögerlich und heizte dann durch die Pylonen, raste auf die freie Fläche zu, legte ein beherztes Drifting hin und brachte den Wagen abrupt zum Stehen. »Dir zeige ich, dass auch ältere Frauen fahren können«, dachte ich. Was ich nicht bedacht hatte, war, dass der Toningenieur in meinem Kofferraum lag. Durch meine kleine Fahrdemonstration für den Zivi wurde die Szene für ihn zu einem Höllentrip.

Aber auch die Herren auf der Rückbank sahen etwas mitgenommen aus. Alle drei krabbelten wankend aus dem Auto, der Toningenieur, grün im Gesicht, fragte mich mit fassungslosem Gesichtsausdruck: »War das so geplant?«

Die Szene wurde nicht wiederholt.

Im Film sah man sehr schön wie Ingrid flitzte, das Making-of mit dem grünen Toningenieur gelangte glücklicherweise nicht an die Öffentlichkeit.

Ab dieser Folge durfte Ingrid in der Serie große Wohnmobile fahren und selbstverständlich auch Prof. Simonis Luxuskarosse.

Jutta, wir sehen dich nicht!

Die mehr und weniger gerechte Strafe folgte in einer anderen Folge.

In einer Krankenhausserie werden naheliegenderweise viele Szenen im Studio gedreht. Um etwas Abwechslung in die Handlung zu bringen, um das schöne Leipzig und die Umgebung einem breiten Publikum bekannt zu machen, und auch dann, wenn private Einblicke in das Leben der Ärzte gegeben werden sollen, schreiben die Autoren Außenszenen. Drehtage in Wald und Wiese sind selten entspannt, schließlich sollen möglichst alle Szenen eines Motivs an einem Tag abgedreht werden.

Im Drehbuch stand, dass Ingrid Simoni dazu überredet hatte, mit ihr wandern zu gehen. In der Serie war Ingrid immer die aktive und Simoni derjenige, der in seiner Freizeit lieber bei einem schönen Glas Rotwein auf der Terrasse saß. Gedreht wurde die Szene nahe Beucha, in einem Steinbruch 30 Kilometer außerhalb Leipzigs. Der Steinbruch war kein gewöhnlicher Steinbruch, sondern der Ort, an dem das Granitporphyr für das Völkerschlachtdenkmal in Leipzig abgebaut worden war.

Um die Szene zu drehen, wurden wir von Kletterern und Stuntmen gesichert. Ich bekam einen Klettergurt angezogen und hing meinem Aufpasser an der Leine. Den ganzen Tag über durfte ich mich aus Versicherungsgründen keinen Meter ohne ihn am Steinbruch bewegen.

Das Drehbuch sah vor, dass Simoni abgerutscht war und auf einem Vorsprung lag. Ich hing an der Kante des Steinbruchs und schrie zu ihm panisch hinunter, dass er durchhalten solle, immer durch die Gurte gut gesichert.

Als fast alles im Kasten war, musste auch noch die letzte Einstellung gedreht werden. Um es besonders imposant wirken zu lassen und den Zuschauern einen Einblick in die ganze Szenerie zu geben, machte der Kameramann den sogenannten Gegenschuss von der anderen Seite der Steilwand. Dieter unten, ich oben. Was in dieser Situation natürlich nicht sichtbar sein durfte, war das ganze Sicherungsequipment. Jetzt ohne Seil, Netz und doppelten Boden ließ man mich zur Abbruchkante robben. Um mich im Bild zu haben, genügte es nämlich nicht, dass ich mit einem gebührenden Sicherheitsabstand zum Abgrund lag, Zentimeter für Zentimeter schob ich mich nach vorne. Der Kameramann auf der gegenüberliegenden Seite rief immer wieder: »Jutta, weiter vor, ich sehe dich nicht. Du musst weiter vor!«

Aus der gespielten Panik wurde im Handumdrehen echte Panik. Ich hing frei und ungesichert mit dem Oberkörper über dem Abgrund. Als endlich das erlösende »gestorben« von der gegenüberliegenden Seite kam, sprangen die Sicherungsexperten zu mir und zogen mich vom Abgrund weg.

Jutta, das Seeungeheuer

Mein absoluter Tiefpunkt oder Höhepunkt war eine Szene am See. Ich saß mit Barbara Schöne, die in einigen Folgen Berta Finke, die Ehefrau von Prof. Dr. Günter Keller spielte, in einem Schlauchboot. Berta trug High Heels – es kam, wie es kommen musste, Berta riss mitten auf dem See mit ihrem Schuh ein Loch in das Schlauchboot. Wasser drang ein, immer mehr Wasser. Wir sanken.

Das Drehbuch sah vor, dass Berta nicht schwimmen konnte und ich sie retten musste. Wir gingen erst einmal beide unter und sollten dann, ich Berta in einer Art Rettungsgriff haltend, nach Luft japsend wieder nach oben kommen.

Die Stelle, an der wir angeblich ertranken, war nicht sehr tief, allerdings völlig überwuchert mit Wasserpflanzen. Die Füße tief eingesunken in stinkendem Modder und Schlick mussten wir darauf warten, bis beide Kameras eingerichtet waren. Das gesamte Team saß gespannt am Rande der Uferböschung. Niemand wollte sich den Spaß entgehen lassen.

Auf das Kommando: »Kamera läuft, Ton läuft: bitte« tauchten wir unter und kamen völlig verschlammt wieder an die Oberfläche. Meine größte Angst war es, beim Abtauchen im Modder meine Kontaktlinsen zu verlieren. Mir blieb nichts anderes übrig, als die Augen fest zuzudrücken und zu hoffen, dass alles gut geht. Beim Auftauchen hatte ich ein Büschel Schlingpflanzen in der Hand, das ich wohl instinktiv ausgerissen hatte. Berta schrie vor lauter Angst und ich zog sie mühsam, mit Tang um den Kopf und triefend vor Dreck, aus dem Wasser.

Am Ende des Drehs hatte ich das Vergnügen noch einmal weit in den See hinauszuschwimmen, um den Schlick wieder loszuwerden. Ein schöner Drehtag ging zu Ende.

Klappe schlagen

In meiner Zeit bei der Sachsenklinik baute ich ein besonders inniges Verhältnis zum Team auf. Zu den Maskenbildnerinnen, den Garderobenmädels, zur Produktions- und Aufnahmeleitung – wir waren wie eine richtige Großfamilie. Die Kameramänner wechseln, die Regisseure wechseln, aber das Team bleibt gleich. Viele von denen, die mit mir vor 20 Jahren angefangen haben, sind heute immer noch bei Saxonia Media.

Die Helfer hinter den Kulissen sind genauso wichtig wie wir Schauspieler vor der Kamera. Wir alle wussten das, deshalb waren wir hier nicht die »Stars«, sondern Kollegen, die allen anderen auf Augenhöhe begegneten.

Eines der Rituale beim Drehen ist das sogenannte Klappe schlagen. »Klappe« sind Ehrenschulden, die mit einer Einladung für's ganze Team eingelöst werden können. Diese Ehrenschulden entstehen aber nicht durch einen peinlichen Schnitzer oder wegen Unpünktlichkeit, sondern durch die Nummerierung auf der Klappe. Auf die Schiefertafel, die aussieht wie eine gefräßige Pac-Man-Figur wird mit Kreide geschrieben, um welche Szene es sich handelt. Wichtig sind diese Informationen später für den Schnitt. Steht eine Schnapszahl wie beispielsweise die 2:2:2 auf der Klappe vor der Szene, in der ich gerade mitspiele, dann kann es heißen: »Klappe für Oberschwester Ingrid«. Die Kuchen spendierte ich wirklich gerne, diese Ansage vor meinem Einsatz allerdings brachte mich immer aus dem Konzept. Ich war voll konzentriert und wollte den inneren Ablauf, den ich mir eingeprägt hatte, nicht unterbrechen lassen. Hier muss ich hingehen, dort muss ich meinen Arm heben, da den geänderten Text sprechen, dort auf das Licht achten...

Mit »Klappe für Ingrid« war dieser innere Dialog unterbrochen. Ich musste von vorne anfangen.

Den undankbarsten Job in der Produktion haben die Set-Runner, Praktikanten, die dafür sorgen müssen, dass die Schauspieler rechtzeitig im Studio am Set sind. Diese bemitleidenswerten jungen Menschen stehen oben in den Garderobengängen und bekommen über Funk die Nachricht, dass ein Bild, also eine Szene gleich zu Ende ist und sich die Schauspieler für das nächste Bild einfinden sollen. Was einfach klingt, ist vor allen Dingen deshalb kompliziert, weil man als Runner über keinerlei offizielle Autorität verfügt und trotzdem etablierte Schauspieler pünktlich vor die Kamera schaffen muss. Nicht jeder Set-Runner hat das Feingefühl, die Anweisungen des Aufnahmeleiters auszuführen und trotzdem den Schauspielern gegenüber respektvoll aufzutreten.

Die Drehtage verliefen sehr unterschiedlich. Manchmal hatte ich 12 oder 13 sogenannte Bilder, also Szenen. An so einem Tag musste alles Schlag auf Schlag gehen. An anderen Tagen waren es sehr viel weniger. Mir war und ist es immer sehr wichtig, perfekt vorbereitet in die Arbeit zu gehen. Dazu gehört auch, den Text für die nächsten Szenen nicht in den Pausen, sondern vorher zu lernen und zu erarbeiten.

Wenn ich zum Beispiel ein oder zwei Bilder Pause hatte, ging ich in meine Garderobe und arbeitete am Laptop. Wenn ich aber vormittags nur ein oder zwei hatte und erst am späten Nachmittag das nächste, nutzte ich die Zeit und ging in die Stadt.

Mit der Aufnahmeleitung hatte ich die Abmachung, dass sie mich anriefen, sobald meine Szene näher rückte. Ich sagte ihnen, wo ich gerade war, sie schickten mir einen Fahrer und brachten mich wieder zurück ins Studio. Umziehen, Maske auffrischen und schon konnte ich wieder als Oberschwester Ingrid Patienten Trost spenden oder Lernschwestern anleiten.

Geregelte Arbeitszeiten gibt es beim Drehen nicht. Das, was auf dem Drehplan steht, muss abends im Kasten sein, egal wie spät es wird. *In aller Freundschaft* ist eine sogenannte Weekly, was bedeutet, dass jede Woche eine neue Folge ausgestrahlt wird. Eine Serie ist Terminarbeit, zu Verzögerungen darf es nicht kommen.

Meine Lieblingsplätze in Leipzig

In diesen 16 Jahren, in denen ich *In aller Freundschaft* drehte und dadurch sehr viel Zeit in Leipzig verbrachte, hat sich die Stadt enorm verändert.

Mitte der 90er-Jahre waren viele Gebäude in der Innenstadt noch im sozialistischen Grau, nach und nach wurden die alten, rußgeschwärzten Gebäude, die während der DDR-

Zeit sehr heruntergekommen waren, renoviert und erstrahlen in neuem Glanz. Anders als im Nachkriegsdeutschland wurden die Gebäude nicht irgendwie repariert, sondern mit viel Verstand und Geschmack restauriert. Wann immer sich die Gelegenheit geboten hat, warf ich einen Blick in die gekachelten Innenhöfe und die lichtdurchfluteten Passagen und saß gerne in der Mädler-Passage beim Auerbachs Keller und beobachtete die Passanten, die an mir vorbeigingen.

Neue Geschäfte, Restaurants und Cafés eröffneten, was nicht mehr zu retten war, wurde abgerissen und durch neue stylische Bauten ersetzt. Leipzig hat sich zu einer wahren Schönheit des Ostens entwickelt.

Über die Jahre entdeckte ich den Leipziger Zoo für mich. Der Leipziger Zoo ist ein riesengroßer Landschaftspark mit sehr vielen Tieren, ich meine sogar, er zählt zu den artenreichsten in ganz Europa.

Ich bin ein Stadtmensch und würde ganz sicherlich nicht mutterseelenallein durch einen Wald laufen. Der Zoo am nordwestlichen Rand von Leipzig aber war für mich eine Verbindung aus Natur und Kultur. Und mit jedem Jahr, das ich in Leipzig verbrachte, wurde er schöner.

Bei meinen ersten Ausflügen in den Leipziger Zoo stand ich vor den Käfigen, sah die eingesperrten Tiere und weinte. Ich bin sehr, sehr tierlieb und konnte es kaum mit ansehen, wie die Löwen ruhelos hinter Gitterstäben auf und ab liefen. Mit der Zeit änderte sich mein Blick auf den Zoo, der Zoo selbst änderte sich. Leipzig bekam ungefähr zur gleichen Zeit, als ich in der Serie begann, einen neuen Zoodirektor, den Tierarzt Dr. Jörg Junhold.

In Zusammenarbeit mit dem Max-Planck-Institut, einem grandiosen Gartenarchitekten und gefördert von großzügigen Sponsoren hat er den Zoo nach und nach so umbauen lassen, dass aus einem Gefängnis für Tiere ein guter Ort für bedrohte Arten wurde und im Zoo schon kleine Kinder spielerisch ein Verständnis für Tierschutz entwickeln können.

Bei meinem letzten Besuch in Leipzig verbrachte ich einen ganzen Vormittag im Gondwanaland, fuhr mit dem Tropenschiff einmal quer durch die virtuelle Erdgeschichte, bevor sich der Blick für die Schönheit der Natur öffnete, und ich unter der riesigen Glaskuppel tropische Vögel, Echsen, Schildkröten und Fische beobachten konnte. Die Sinnlichkeit der Tropen berauscht mich immer wieder. Selbst wenn ich nicht allzu viel Zeit habe, mache ich immer noch einen kurzen Abstecher in die Kiwara-Lodge, um eine der köstlichen afrikanischen Spezialitäten zu probieren. Die Lodge sieht nicht nur aus wie die in einem afrikanischen Nationalpark, sie ist auch so angelegt, dass Zebras, Gnus, Strauße und Giraffen direkt an einem vorbeispazieren. Ergattert man einen Platz auf der Terrasse, sitzt man Auge in Auge mit ihnen.

Nach dem Dreh

Die Bilder in der Öffentlichkeit vermitteln häufig den Eindruck, dass das Leben eines Fernsehschauspielers aus Glamour, Galas und illustren Partys besteht. Die Realität ist weit weniger glanzvoll.

Nach einem langen Drehtag war ich einfach nur noch erschöpft. Ich fuhr in mein Hotelzimmer, bestellte mir beim Roomservice ein kleines Süppchen, ließ mir eine heiße Badewanne ein und ging anschließend ins Bett. Ich wollte nur noch meine Ruhe haben und bereitete mich auf den nächsten Drehtag vor.

Viele meiner Schauspielkollegen wohnten in Leipzig oder Berlin und fuhren nach dem Dreh heim zu ihren Familien. Die Kollegen, die wie ich im Hotel übernachteten, waren in der ehemaligen DDR groß geworden. Sie fanden sehr viel schneller einen Draht zueinander und gingen abends gelegentlich gemeinsam aus, einige Male ging ich mit. Bei den Gesprächen der Kollegen erfuhr ich als Westschauspielerin viel über den Alltag in der DDR, war aber die ganze Zeit über eine Zuhörerin. Wenn es nicht um ihr Leben in der DDR ging, unterhielten sich die Männer beim Bier fast ausschließlich über Fußball. Für Fußball kann ich so überhaupt keine Begeisterung entwickeln und Alkohol schmeckt mir nicht. Nach einem dieser gemeinsamen Abende beschloss ich, dass mir gemütliche Stunden in meinem Hotelzimmer mehr Entspannung bringen als diese Form der Geselligkeit.

Was mich interessierte, war das Alltagsleben in der ehemaligen DDR und darüber erfuhr ich sehr viel mehr bei den Gesprächen mit dem Team.

Natürlich wollte ich wissen, unter welchen Bedingungen meine Kollegen früher arbeiten mussten. Wie es sich anfühlte, unter permanenter Beobachtung zu stehen.

Beim Thema Stasi waren die Kolleginnen und Kollegen am Set sehr einsilbig. Niemand hatte damals Näheres von der Stasi gewusst oder zumindest keinerlei Berührungspunkte mit dem Geheimdienst gehabt.

2007 wurde bekannt, dass unser Regisseur, Peter Vogel, als IM Heinz für die Stasi gearbeitet hatte. Vogel gab seine IM-Tätigkeit zu und verließ nach 89 Folgen *In aller Freundschaft*. Peter Vogel war, trotz seiner zweifelhaften politischen Vergangenheit, ein überaus fantasievoller Regisseur.

Wirklich überrascht hat mich, wie sehr einige der Kollegen der DDR nachtrauerten. Sie schwärmten über den Zusammenhalt in der DDR, den sie in der BRD nirgends finden konnten. Die Einschränkungen in der Reisefreiheit oder der freien Meinungsäußerung empfanden sie zumindest im Nachhinein als nicht so gravierend, jedenfalls glaube ich das aus ihren Erzählungen entnommen zu haben.

Das Leben von Schauspielern aus der ehemaligen DDR und Westdeutschland unterscheidet sich in einem ganz wesentlichen Punkt, der es schwerer machte, Verständnis für die jeweils andere Lebensphilosophie aufzubringen. Schauspieler in der DDR waren Angestellte und erhielten ein überdurchschnittliches Einkommen. Gingen sie in Rente, bekamen sie eine Zusatzversorgung, eine sogenannte Intelligenzrente, die 60 bis 80 Prozent des letzten Gehaltes ausmachte, manche darüber hinaus noch eine Ehrenrente. Schauspieler in Westdeutschland arbeiten freiberuflich. Für meine Kollegen bedeutet das, dass sie für ihre Angestelltentätigkeit in der DDR im wiedervereinigten Deutschland Rentenansprüche geltend machen können und dadurch auch mit sehr viel weniger Existenzängsten zu kämpfen haben, als dies die allermeisten Westschauspieler tun.

Als Westschauspielerin hatte ich zwischen den Engagements immer Fehlzeiten, die von keiner Rentenversicherung abgedeckt wurden, Ostschauspieler kannten dieses Problem nicht.

Bei DDR-Schauspielern gab es keine Arbeitslosigkeit, wer die Ausbildung absolviert hatte, konnte beruhigt in die Zukunft schauen. Für sie war die Wiedervereinigung zumindest in dieser Hinsicht ein Rückschritt.

»Mein Leipzig lob' ich mir« (Goethe)

Als ich mit *In aller Freundschaft* anfing, hatte ich schon viele Jahrzehnte auf der Bühne gestanden, hatte in ungefähr 100 Fernsehfilmen mitgespielt und zahllose Werbespots gedreht. Das, was man Straßenpopularität nennt, bekam ich aber erst durch meine Rolle als Oberschwester Ingrid.

Die allerwenigsten wissen meinen richtigen Namen, ein Schicksal, das viele Serienschauspieler mit mir teilen. Sprechen mich Menschen, wo auch immer in Deutschland, an, dann läuft es in den meisten Fällen folgendermaßen ab: Erst ein kurzes Zaudern, dann ein tiefes Luftschnappen, gefolgt von dem Ausruf: »Oh, die Oberschwester!«

Ich mochte die Begegnungen mit den Menschen in Leipzig vom ersten Tag an – den Sächsischen Humor, ihre direkte, herzliche Art, ihr offenes Lachen. Natürlich bleibt es bei diesen Begegnungen auf der Straße bei kurzen Gesprächen, und dennoch war es ein gutes Gefühl, auch weit weg von meinem Münchner Zuhause so warmherzige Momente erleben zu dürfen.

Mit den Kollegen am Set bei *In aller Freundschaft* blieb der private Kontakt freundlich, meine Leipziger Wahlverwandtschaft fand ich an ganz anderer Stelle, nämlich beim Team der Produktion.

Ich kann mich nicht an eine einzige Westproduktion erinnern, in der der Kontakt zu den Beleuchtern, den Mädels in der Maske, der Garderobe und der Aufnahmeleitung warmherziger gewesen wäre. In Leipzig erlebte ich etwas, was ich so in meiner ganzen Schauspielkarriere noch nirgends gefunden hatte. Man kümmerte sich umeinander, man sprach miteinander und half sich, wenn es möglich und nötig war. Die ganze Produktion wurde zu meiner Familie.

So gerne ich in Leipzig war, von München ganz nach Leipzig zu ziehen wäre für mich nicht infrage gekommen. An meiner Wohnung hingen so viele schöne Erinnerungen an Willem, von denen ich mich zu diesem Zeitpunkt noch nicht trennen wollte.

Mein Augenlicht schwindet

Im Alter nehmen die gesundheitlichen Unannehmlichkeiten zu, das ist bei mir nicht anders als bei allen anderen Menschen und gehört einfach zum Leben. Es gibt aber auch Erkrankungen, die sich nicht einschleichen, sondern an einem einzigen Tag das Leben verändern. Und so einen Tag erlebte ich bei einer Gala der José-Carreras-Stiftung in Leipzig.

Ich unterstützte die Kinderkrebsstation der Leipziger Universitätsklinik, die sich um an Leukämie erkrankte Kinder kümmert, und die José-Carreras-Stiftung schon seit vielen Jahren und nutzte meine Popularität gerne dazu, Spenden für die Kinder und die Erforschung der Krankheit zu sammeln. Seit 1995 organisierte der MDR für die Stiftung einmal im Jahr eine großen Spendengala, bei der Stars wie Udo Jürgens, Peter Maffay, Luciano Pavarotti, Elton John, Liza Minnelli, Helene Fischer und Anne-Sophie Mutter auftraten.

2008 hatte ich selbst keine aktive Funktion, sondern konnte zusammen mit meinem Chefdramaturgen Torsten Lenkeit im Publikum sitzen und die Show genießen. Plötzlich bemerkte ich, dass immer dann, wenn ich ein Auge zumachte, die Linien auf dem Bühnenbild wellig wurden.

Zurück in München ging ich gleich zum Augenarzt, um mich untersuchen zu lassen. In gesundheitlichen Dingen bin ich ein sehr pragmatischer Mensch. Wenn Dinge getan werden müssen, dann am besten gleich, damit das Leben wieder weitergehen kann. Der Arzt erkannte sofort das Problem und diagnostizierte eine feuchte Makuladegeneration. Er erklärte mir, dass in meinem Auge die Netzhaut geschädigt sei und es dadurch immer schwieriger werden würde, scharf zu sehen. Die Erkrankung ist fortschreitend und kann zwar verlangsamt jedoch nicht geheilt werden. Das verzerrte Sehen, wie ich es auf der Gala bemerkt hatte, ist eines der ersten Symptome. Um wirklich sicher zu sein und eine andere Krankheit ausschließen zu können, bat er mich eine Zweitmeinung von Prof. Koss einzuholen.

Peter Janusz Koss ist ein ausgewiesener Spezialist für dieses Krankheitsbild, aber auch er wollte sich nicht sofort festlegen und überwies mich an die Uniklinik Kiel. Damit keine Zeit verloren ging, kümmerte er sich darum, dass ich einen Termin in den nächsten Tagen bekam.

Ich fuhr nach Kiel und wurde einen ganzen Tag von einem Gerät zum nächsten geleitet. Nach dem Untersuchungsmarathon empfing mich der Arzt mit folgendem Satz: »Wir haben eine gute und eine schlechte Nachricht. Die gute Nachricht ist: Es ist kein Krebs. Die schlechte ist, es ist eine altersbedingte feuchte Makuladegeneration. Die Makuladegeneration ist eine richtige Volkskrankheit, bei Ihnen kommt sie allerdings mindestens 10 Jahre zu früh. Prof. Koss wird versuchen, die Erkrankung mit Lasern oder Spritzen in Schach zu halten.«

Nach den ersten drei Spritzen war fast zwei Jahre lang keine Verschlechterung mehr zu bemerken. Ich war aber vorgewarnt, dass es dabei sehr wahrscheinlich nicht bleiben würde. Und so war es auch – nach zwei Jahren musste neuerlich gespritzt werden. Und immer dann, wenn Prof. Koss bei der regelmäßigen Kontrolle feststellt, dass wieder undichte Blutgefäße aus der Aderhaut in die Netzhaut wachsen, muss neu gespritzt werden. Inzwischen haben sich die Intervalle auf wenige Wochen verkürzt.

Ich fühle mich bei Prof. Koss in sehr guten Händen und kann durch die Spritzen immer noch räumlich sehen und mich dadurch auch sicher im Alltag bewegen.

Die Makuladegeneration begann schon, während ich noch voll in der Serie arbeitete. Natürlich musste ich dem Produzenten sagen, wie es um mein Augenlicht steht. Es war schließlich nicht auszuschließen, dass beim Spritzen in den Augapfel ein Äderchen getroffen wird und es zu einer sichtbaren Einblutung kommt.

Wie schon in einigen anderen Situationen, reagierte auch

hier die Firma sehr menschlich und großzügig. Sie sagten zu mir: »Du sagst, wann deine Behandlungstage sind und wir richten den Drehplan danach aus.« Wenn es gar nicht anders ging, schickten sie mir einen Fahrer nach München, der mich nach der Behandlung direkt am Krankenhaus abholte. Fliegen oder mit dem Zug fahren, hätte ich direkt nach einer Behandlung nicht gekonnt. Auf dem Beifahrersitz halb liegend war es kein Problem, kurzfristig nach Leipzig zu kommen.

Für die Filmaufnahmen hatte ich mir sehr schnell ein paar Tricks angeeignet, um meine Augenerkrankung zu kaschieren. Musste ich beispielsweise ein Medikament in eine Kanüle spritzen, fixierte ich mit einer Hand die Kanüle und tastete mich mit der Spritze vor. Nach kurzer Zeit hatte ich meine Hilfsgriffe so perfektioniert, dass es beim Dreh niemandem auffiel, dass ich teils im Blindflug unterwegs war.

Eine Ära geht zu Ende

In der Schauspielerei endet die Zusammenarbeit in den allermeisten Fällen damit, dass ein Vertrag nicht mehr verlängert wird. Einer Kündigung, wie sie in anderen Unternehmen üblich ist, bedarf es nicht. Bei Langzeit-Serien ist es nicht selten, dass es zu einem Generationenwechsel im Ensemble kommt oder Schauspieler ausgewechselt werden, wenn ein neuer Produzent das Ruder übernimmt. Damit stellt man sicher, dass immer wieder neue Geschichten erzählt werden können.

Als erstes wurde bei Dieter Bellmann, alias Prof. Dr. Gernot Simoni, der Vertrag nicht mehr verlängert, als Sven Miehe als neuer Produzent zur Serie kam. Sven Miehe war vorher für *Gute Zeiten, schlechte Zeiten* (GZSZ) zuständig. Bellmann kämpfte wie ein Löwe darum, auch nach der offiziellen Berentung Prof. Simonis als medizinischer Berater in der Serie bleiben zu dürfen. Ich konnte Bellmanns Argumente gut nachvollziehen und ihm nur zustimmen. Die Serie brauchte eine väterliche Figur wie Prof. Simoni. Die Firma ließ sich von seinen Argumenten überzeugen und verlängerte seinen Vertrag, allerdings in einem wesentlich kleineren Umfang. Bellmann war zu diesem Zeitpunkt gesundheitlich schon angeschlagen und hätte diese Rolle im bisherigen Umfang auch kaum mehr ausfüllen können.

Bellmann war aber nur der Anfang. Miehe hoffte darauf, die Quote steigern zu können, indem er mehr auf die jungen Zuschauer setzte und fast alle alten Schauspieler aus der Serie rausschreiben ließ. Neben Bellmann und mir waren es noch Maren Gilzer, die die Stellvertretende Oberschwester Yvonne Habermann spielte, Uta Schorn, die als Barbara Grigoleit die Sekretärin der Klinikleitung war und Cheryl Shepard alias Dr. Elena Eichhorn. Nur Ursula Karusseit, eine der ganz großen DEFA-Schauspielerinnen und Bühnenstars der DDR durfte aus unserer Generation als Einzige bis 2018 in der Serie bleiben. Sie spielte 21 Jahre Charlotte Gauss und verstarb im Februar 2019 im Alter von 79 Jahren. Ihre letzte Folge wurde erst nach ihrem Tod ausgestrahlt.

Von meinem eigenen Ende bei *In aller Freundschaft* erfuhr ich durch eine junge Kollegin morgens in der Maske. Sie sagte: »Mich hat man informiert. Es werden noch weitere alte Köpfe rollen.« Nach diesem für mich überraschenden Statement ging ich sofort zur Geschäftsführung und wollte Klarheit darüber, wie die Zukunft der Rolle der Oberschwester Ingrid aussehen würde. Die Herstellungsleiterin gab sich noch völlig ahnungslos und dementierte beherzt das Gerücht.

Zwei Wochen später flogen der Geschäftsführer und der neue Produzent nach München und luden mich zum Essen ein. Im Ensemble wurde schon viel getuschelt, sodass ihnen gar nichts anderes mehr übrig blieb, als mich endlich auch offiziell zu informieren.

So erfuhr ich im November 2013 bei einem guten Essen, dass dieser Abschnitt meines Lebens nun zu Ende gehen würde. Mir war bewusst, dass es für eine auf viele Jahre angelegte Serie notwendig ist, dass immer wieder neue Gesichter und Geschichten eingeflochten werden, trotzdem hätte ich diese mein Leben komplett auf den Kopf stellende Veränderung gerne direkt erfahren und nicht über meine Kollegen.

Zwischen diesem Essen und meinem letzten Drehtag lag ein gutes Dreivierteljahr. Für mich war es sehr gut, eine so lange Vorlaufphase zu haben, auch wenn ich in der Zeit mit niemanden über mein Ausscheiden sprechen durfte. Gegenüber der Presse Stillschweigen zu wahren, war für mich selbstverständlich. Das Team von *In aller Freundschaft* aber war für mich wie eine zweite Familie. Wir redeten oft über unsere Sorgen und Nöte, was es besonders schwer machte, ihnen gegenüber nicht aufrichtig sein zu dürfen.

Die letzte Folge

Mein letzter Vorhang als festes Mitglied des Ensembles fiel am 16. August 2014. Meine letzte Folge bei *In aller Freundschaft*, die Folge 669, hieß Weihnachtswunder und wurde am 16.12.2014 ausgestrahlt.

Für den Schauspieler, der eine Serie verlässt, ist es wichtig, wie er aus einer Serie geschrieben wird. Hat man sich mit einem Schauspieler darauf geeinigt, dass es keine Gastauftritte geben wird, kann man ihn oder sie in der Serie sterben lassen, entweder langsam durch eine schwere Krankheit, oder schnell durch Mord, Unfall oder beispielsweise Herzinfarkt, was immer wieder eine spannende Story ergibt.

Geht jemand in der Serie in Rente oder kündigt er, gibt es weitere Punkte zu entscheiden. Man kann jemanden unspektakulär ausscheiden lassen oder für sie oder ihn einen großen Abgang schreiben.

Ich hätte mir natürlich sehr gewünscht, dass mir nach 16 Jahren in der Serie ein großer Abgang vergönnt sein würde.

Der Produzent Sven Miehe sicherte mir zu, dass es ein meiner Popularität entsprechendes würdiges Finale geben würde. Nach ein paar Monaten kam er mit einem beinahe schon kränkenden Vorschlag. Ingrid sollte in der Serie schusselig werden und Fehler machen. Anfangs wären es nur kleine Unaufmerksamkeiten, später schwere Versäumnisse bei der Medikamentenausgabe. Um Schaden von den Patienten abzuwehren, sollte sie um ihre Berentung bitten.

Mein Gegenvorschlag war, Prof. Simoni und Oberschwester Ingrid mit einer großen Hochzeit enden zu lassen. Viele Jahre lang hatte Ingrid Simonis Heiratsanträge abgelehnt. Nun endlich, wo sie beide aus dem Berufsleben schieden, nahm sie seinen Antrag an. Für die Zuschauer wäre das eine großartige Möglichkeit gewesen, von diesen beiden Serienfiguren, die die Serie eineinhalb Jahrzehnte mit geprägt hatten, Abschied zu nehmen und loszulassen. Nach einer Umfrage waren Simoni und Ingrid schließlich jahrelang das beliebteste Paar im Deutschen Fernsehen.

Es kam aber ganz anders. Prof. Simoni ging als Klinikleiter ohne Abschied, ohne Feier. Oberschwester Ingrid sollte ähnlich, ohne jedes Aufhebens, aus der Serie ausscheiden. Dem Produzenten Miehe war es wichtig, den Fokus jetzt nur noch auf die »Jungen« zu setzen und den »Alten« keine allzu große Plattform mehr zu bieten. Auch wenn es aus dramaturgischer Sicht nachvollziehbar war, enttäuschend war es für mich trotzdem.

Nachdem wir beide schon in Rente waren, hatten Simoni

und Ingrid bei der Weihnachtsfolge noch einen Gastauftritt, bei dem sie den Mitarbeitern kleine Geschenke in die Klinik brachten. In dieser Folge, in der Notaufnahme und unter Neonlicht, nahm Ingrid endlich den Antrag Simonis an. In einer späteren Folge spricht Dr. Heilmann Simoni auf seinen Ehering an. Er entgegnet kurz: »Ja, wir haben geheiratet.«

Auch wenn der letzte offizielle Auftritt als Oberschwester Ingrid für die Zuschauer eher nüchtern wirkte, so werde ich meinen letzten Drehtag, drei Monate zuvor, sicherlich nie vergessen.

Meine letzte Szene spielte im Schwesternzimmer. Als sie im Kasten war, stand die ganze Firma draußen im Flur und applaudierte. Über 100 Leute klatschten minutenlang. Von der Geschäftsleitung bekam ich Blumen überreicht und viele warme Worte über meine Zeit in der Serie. Die Tränen liefen mir übers Gesicht und verschleierten mir den Blick.

Für den Abend hatte die Saxonia Media in einer großen Eventlocation eine sensationelle Abschiedsfeier organisiert. Alle waren eingeladen, um mir Adieu zu sagen.

Den Saal überstrahlte eine große Leinwand, auf der den ganzen Abend über Szenen gezeigt wurden, in denen Ingrid mitgespielt hatte. Es war ganz großes Kino.

Genau wie bei Willem hatten auch bei mir die Kontakte mit den Kollegen über die gemeinsame Zeit hinaus leider wenig Bestand.

Nur mit Hendrikje Fitz telefonierte ich viel, vor allen Dingen, nachdem bei ihr Krebs diagnostiziert worden war. Bei einem Telefonat sagte ich zu ihr: »Hendrikje, ich schließe dich jeden Abend in mein Gebet ein.« So wie alle anderen Schauspielkollegen auch, wusste Hendrikje nicht, dass ich ein gläubiger Mensch bin. Ob Hendrikje selbst an Gott glaubte, weiß ich nicht, über meinen Versuch, ihr in ihrer Krankheit auf meine Art beizustehen, aber hat sie sich sichtlich gefreut. Diese lebensbejahende, wunderbare Schauspielerin starb wenige Wochen nach unserem letzten Telefonat mit nur 52 Jahren an Krebs.

Nach dem Tag, an dem meine letzte Folge ausgestrahlt wurde, gab ich zwei Jahre keinerlei Interviews mehr.

Die einzige Ausnahme war ein Interview mit der BILD-Zeitung. Durch die Indiskretion eines Mitbewohners im Augustinum war bekannt geworden, dass ich schon vor Ausstrahlung der letzten Folge in eine Seniorenresidenz gezogen war. BILD versprach mir, ein paar Wochen auf einen Artikel darüber zu verzichten, um meinem Abschied aus der Serie den von der Produktionsfirma gewünschten Raum zu geben. Dann aber stellten sie mir ein Ultimatum: »Entweder sie sprechen mit uns oder wir schreiben, was wir für richtig halten.« Auch wenn für mich der Zeitpunkt, zu dem der Artikel in der BILD erschien, zu früh war, war er inhaltlich sehr positiv. Die Journalistin berichtete sehr liebevoll und einfühlsam über meine neue Lebenssituation.

Alle anderen Anfragen der Yellow Press, die auf diesen BILD-Artikel hin folgten, lehnte ich ab.

Während ich Presseanfragen nicht beantwortete, reagierte ich auf Briefe und Postings meiner Fans immer. Treue Fans zu vernachlässigen, wäre mir nie in den Sinn gekommen.

Zu Gast
bei In aller Freundschaft

Auch nach meinem offiziellen Ende hatte ich noch sporadischen Kontakt zu Firma und Sender. Ich wurde regelmäßig zu allen Festen und Events eingeladen, zwischen den Veranstaltungen herrschte Sendepause. Intensiver wurde er erst wieder, als ein neuer Produzent das Ruder übernahm.

Der Plan von Sven Miehe die Quoten durch eine jüngere Besetzung in noch höhere Sphären zu treiben, ging nicht ganz auf, obwohl ich es *In aller Freundschaft* gewünscht hätte. Nach vier Jahren verließ er *In aller Freundschaft* wieder und wurde von Joke Kromschröder beerbt.

Kromschröder meldete sich kurz nach seinem Einstieg bei mir und bot mir einen Gastauftritt an.

Die Idee dazu erschien mir sehr glaubwürdig und machbar. Das Drehbuch sah vor, dass Oberschwester Ingrid, die Witwe des inzwischen verstorbenen Prof. Gernot Simoni, zusammen mit der Verwaltungschefin Sarah Marquardt und Dr. Heilmann die Gernot-Simoni-Stiftung gründete. Die Stiftung sollte Familien in schwierigen Lebenssituationen beistehen. Ein weiteres Jahr darauf wurde die Stiftungsgeschichte fortgeschrieben. Ingrid kümmerte sich inzwischen um ein autistisches Kind, das in der Klinik behandelt werden musste. Es waren für mich bewegende Momente, wieder mit meinem geliebten Team zusammenarbeiten zu können.

Von Sachsen nach Bayern – Bei den Rosenheim-Cops

Als ich in Leipzig ein letztes Mal mit Prof. Simoni die Klinik verließ, sagte ich zu ihm: »Nicht umdrehen.« Er drehte sich natürlich trotzdem um. Nun war ich nicht Persephone, die Sachsenklinik nicht Eurydike und Simoni nicht Orpheus, trotzdem gab es für Simoni als Klinikleiter keine Rückkehr mehr. Simoni hatte zwar noch einige sehr schöne Folgen, starb aber dann im November 2017 im Alter von 77 Jahren.

Für mich öffnete dieser letzte Satz eine neue Tür, die Tür zu den Rosenheim-Cops. Tanja Roitzheim, die Regisseurin der Rosenheim-Cops, sah mich in dieser letzten Szene und entschloss sich kurzerhand, mich als Gastschauspielerin einzuladen. 2018 spielte ich eine betrogene Witwe unter

Mordverdacht. Joseph Hannesschläger als Kriminalhauptkommissar Korbinian Hofer befragte mich zu meinem Ehemann. Auch er ist leider im Januar 2020 an einem Krebsleiden verstorben.

Eine Tür schließt sich, eine neue geht auf

Die Diagnose Makuladegeneration bedeutet, dass ich im schlimmsten Fall meine Sehfähigkeit weitgehend verliere.

Schon kurz nach der Diagnose war mir klar, dass ich einige Entscheidungen treffen musste, die mir ein gutes Leben ermöglichen sollten, wenn ich mich nicht mehr komplett alleine versorgen könnte.

Ich habe leider keine Kinder und niemanden, der sich im Krisenfall um mich kümmern würde. Mir war sehr schnell klar, dass ich mittelfristig nicht in meiner Wohnung würde bleiben können und entschied mich, die Zügel selbst in Händen zu behalten, solange mir dies noch ohne Einschränkungen möglich war.

Zu allererst galt es, meine finanzielle Situation genau zu betrachten und alle Eventualitäten durchzuspielen. Ich kam zu dem Schluss, dass ich gut gewirtschaftet hatte und in einer Seniorenresidenz gut aufgehoben wäre.

Als nächstes überlegte ich, in welcher Stadt ich leben wollen würde. Sehr schnell war klar, dass München mittlerweile zu meiner Heimatstadt geworden war und ich hier auch alt werden wollte.

Als der Ort feststand, galt es die verschiedenen Formen der Unterbringung gegeneinander abzuwägen. Es sollte wirklich mein letzter Umzug werden. Einige Einrichtungen bieten schöne Appartements an, in denen man jedoch im Falle einer Pflegebedürftigkeit nicht bleiben kann. Dieses Risiko wollte ich auf gar keinen Fall eingehen.

Und schließlich sollte es ein Haus sein, das allen nötigen Komfort bot und in dem Menschen wohnten, mit denen ich mir ein Zusammenleben vorstellen konnte. Ich wollte auch im Alter selbstbestimmt leben. Nach vielen Gesprächen und einigen Besichtigungen entschied ich mich für das Augustinum.

Mit der Entscheidung fiel eine schwere Last von mir ab. Ich meldete mich an und hoffte darauf, dass ein passendes Appartement frei sein würde, wenn es nötig werden sollte. Nach einigen Jahren ging alles plötzlich sehr schnell.

Anders, als ich angenommen hatte, hing das aber nicht mit meiner Augenerkrankung zusammen, sondern mit meinem Serienende bei *In aller Freundschaft.*

Der Verkauf der Wohnung und der Umzug ins Augustinum waren ein konsequenter Schritt, um diese Lebensphase auch wirklich abzuschließen.

Das Glück war auf meiner Seite und so konnte ich, noch bevor mein letzter Vorhang bei *In aller Freundschaft* gefallen war, einen neuen Lebensabschnitt beginnen. Ich hätte nie gedacht, dass das Ende bei *In aller Freundschaft* den Weg für echte Freundschaften freimachen würde.

Umzug und Einzug in
mein neues Leben

Von der Warteliste in den Turm

Als ich mich 2009 im Augustinum auf die Warteliste hatte setzen lassen, konnte ich angeben, in welchen Wohnungstyp ich mir vorstellen könnte, später einzuziehen.

Ich wollte eine Wohnung, von der aus ich die Berge sehen kann, also eine in einem höheren Stockwerk.

Je stärker man die Auswahl eingrenzt, desto länger kann es dauern, bis eine infrage kommende Wohnung frei wird. Eine Seniorenresidenz ist ein Haus mit beschränktem Angebot. Neue Bewohner können immer nur dann nachrücken, wenn ein anderer Bewohner geht, und gehen bedeutet hier in den allermeisten Fällen stirbt.

Nachdem ich wusste, dass ich bei *In aller Freundschaft* aufhören würde, bekam ich nachts plötzlich Angst. Meine Augenerkrankung kann schubweise voranschreiten, mein Zustand kann sich innerhalb kurzer Zeit stark verschlechtern.

Aus der Angst wurde sehr schnell Gewissheit – ich musste die Dinge anpacken und einen Schritt weitergehen. Ich musste im Augustinum anrufen und um eine passende Wohnung zum nächstmöglichen Termin bitten. Ich spürte, dass der richtige Zeitpunkt gekommen und Eile geboten war.

Am nächsten Vormittag wollte ich gerade zum Hörer greifen, um dem Augustinum meine Entscheidung mitzuteilen, als das Telefon klingelte und das Augustinum am Apparat war: »Frau Kammann, wir haben eine Wohnung für Sie.« Heute Morgen ist einer unserer Bewohner verstorben, dessen Wohnung zu ihren Vorstellungen passen würde.«

Ich hatte einige Wohnungen angegeben und tastete mich langsam vor:

»Welches Haus?«

»Das von Ihnen angegebene.«

»Welches Stockwerk?«

»Das angegebene Stockwerk«

»Die mit dem Südwest-Balkon?«

»Genau die. Hätten Sie Interesse? Möchten Sie Bedenkzeit?«

Es war genau die Wohnung, die ich mir im Stillen gewünscht hatte.

Nachdenken musste ich keine Sekunde. Ich betrachtete es als göttliche Fügung und sagte sofort zu.

Um meinen Umzug zu planen und die Wohnung nach meinen Vorstellungen umbauen lassen zu können, schickte mir das Augustinum einen Grundriss. Die Angehörigen des Verstorbenen erlaubten es mir, einen Blick in die Räume zu werfen, sodass ich mir auch vor Ort einen Eindruck verschaffen konnte.

Der Professor, der hier gewohnt hatte, war ein Büchernarr. An jeder Wand standen große Bücherschränke, das Zimmer wurde dominiert von einem schweren Holzschreibtisch. Durch die vielen Bücher und die dunklen Möbel wirkte die Wohnung klein, bedrückend.

Nach einem ersten Schreck, atmete ich dreimal durch.

»Jutta, bleib ruhig. Die Wohnung wird mit hellen Farben und leichteren Möbeln viel größer wirken«.

Als erstes maß ich mit einem Meterstab alle meine Möbel aus. Als nächstes kopierte ich mir den Grundriss und zeichnete mit Bleistift und Lineal maßstabsgetreu die Möbel ein, die ich unbedingt mitnehmen wollte. Ich zeichnete, radierte, zeichnete, radierte. Irgendwann, nach dutzenden Versuchen und einem vollen Papierkorb war es so weit: Ich hatte meine Traumwohnung so eingerichtet, dass alle Lebensbereiche abgedeckt waren. Essen, arbeiten, faulenzen, schlafen …

Von einer großen Penthousewohnung in ein kleines Appartement zu ziehen, bedeutet von Dingen Abschied zu nehmen, von sehr vielen Dingen.

Schon zu Willems Lebzeiten hatte ich mich mit Antiquitäten beschäftigt und mir nach und nach die Stücke gekauft, die mir besonders gut gefielen. Hier ein alter Bauernschrank, dort eine englische Truhe oder ein Barock-Tisch. Dazwischen Design-Klassiker von Philippe Starck.

Jedes Stück hatte eine besondere Bedeutung für mich, mit jedem Stück verband ich eine Geschichte. So schwer es mir fiel, ich musste mich von vielem trennen. Die Entscheidung war gefallen, der Plan war gezeichnet und ließ keinen Platz für Sentimentalitäten. Meine alte Wohnung musste leer werden, so oder so.

Einige Stücke brachte ich zu einem Auktionshaus, um sie versteigern zu lassen, andere fanden einen guten Platz bei Freunden und Freundinnen, den Rest spendete ich. Eine wunderbare englische Eichentruhe von 1710 hat sogar den Weg in meine zweite Heimat nach Leipzig gefunden.

Nachdem die Angehörigen meines Vormieters das Appartement leergeräumt hatten, besprach ich mit dem Bauleiter, was verändert werden musste. Ich ließ die Wand im Wohnzimmer tapezieren und mit silberner Farbe streichen. Ich suchte mir unter vielen Mustern das Parkett aus, das verlegt werden sollte und veranlasste noch ein paar kleinere Umbauten. Wochen später, als alles fertig war, konnte ich endlich Kisten packen und den Umzug in Angriff nehmen.

In Zorneding half mir meine Freundin Gilla, die für eine Woche aus Wetzlar angereist war. Gilla ordnete meine Akten und schredderte Papier, bis buchstäblich Rauch aufstieg.

Nach und nach brachte ich erste Dinge in mein neues Heim. Den großen Umzug übernahm eine Spedition, die alle meine Schätze fachgerecht verpackte.

Gilla reiste nach einer Woche wieder ab, angekommen in der neuen Wohnung half mir meine Freundin Gesa dabei, alles wieder auszupacken und schön zu machen.

Gesa saß auf meinem Wohnzimmerteppich und schüttelte immer wieder den Kopf: »Jutta, brauchst du wirklich 20 Brillenputztücher? Willst du diese verstaubten Gläser wirklich behalten?« Gesa hatte die nötige Distanz, um Notwendiges von Überflüssigem zu unterscheiden.

Ich kenne Gesa schon seit vielen Jahren. Sie arbeitete in einem Uhrengeschäft, in dem ich hin und wieder vorbeischaue. Wir lernten uns kennen, kurz bevor sie ihre Zelte in München abbrach und mit ihrem damaligen Lebensgefährten nach Mallorca auswanderte. Gesa lud mich ein, sie zusammen mit Gilla auf den Balearen zu besuchen und die Kochkünste ihres Freundes kennenzulernen. Er kochte zwar fantastisch, die Beziehung hielt dennoch nicht. Nach ein paar Jahren kam Gesa wieder nach München zurück, zog in eine kleine Wohnung und bekam meine Möbel als »Mitgift«. Somit bin ich oft bei ihr und wir treffen uns häufig und tauschen uns über Uhren, Pferde, Liebe und gutes Essen aus.

Gesa könnte die Tochter sein, die ich nie hatte.

Die beiden Frauen waren mir eine große Hilfe auf dem Weg in mein neues Leben. Zu dem Zeitpunkt ahnte ich noch nicht, dass ich im Augustinum eine weitere Freundin finden würde, die schon nach kurzer Zeit zu einer Herzensfreundin wurde.

Zuerst musste ich aber mein altes Leben in Zorneding abwickeln. Ich gab einem Maklerbüro den Auftrag, das Objekt zu verkaufen und bekam schon nach wenigen Tagen die Information, dass eine Käuferin gefunden worden war.

In weniger als sechs Monaten hatte mein Leben eine komplett neue Wendung genommen. Aus einer vielbeschäftigten Schauspielerin mit Penthouse war eine Frau in einer kleinen Wohnung in einer Seniorenresidenz geworden, die in wenigen Wochen in den Ruhestand gehen würde.

Wenn die Neugierde siegt

In Schauspielkreisen wird sehr wenig darüber gesprochen, dass auch Schauspielkarrieren einmal ein Ende haben können.

Die meisten hoffen, bis zu ihrem Lebensende Engagements zu bekommen und dadurch ihren Lebensunterhalt bestreiten zu können. Die Rücklagen, die die Allermeisten von uns gebildet haben, reichen bei Weitem nicht dazu aus, einen sorgenfreien Ruhestand genießen zu können.

Es blieb natürlich nicht aus, dass meine Entscheidung freiwillig in eine Seniorenresidenz zu ziehen, Kolleginnen und Kollegen neugierig werden ließ: »Was, die Kammann ist jetzt in einem Altenheim? Wie lebt sie da?« Vielleicht überlegte der ein oder andere auch, ob diese Lebensform irgendwann in ganz ferner Zukunft etwas für ihn wäre, zugegeben hätte das aber niemand. Ich vermute, dass einige Kollegen den Besuch bei mir nutzten, sich selbst wieder jünger fühlen zu dürfen.

Selbst Kollegen und Freunde, von denen ich schon jahrelang nichts mehr gehört und gesehen hatte, meldeten sich nach meinem nicht ganz so freiwilligen Interview in der Bild-Zeitung und verkündeten, sie seien zufällig gerade in München und könnten doch mal vorbeischauen.

Ich selbst war immer ambivalent, was die Besuche von diesen »alten Bekannten« betraf. Natürlich freute ich mich über jeden Anruf, schließlich gab mir das das Gefühl, nicht vergessen worden zu sein. Andererseits hatte ich schnell den Eindruck, nun eine Art Ausstellungsstück zu sein, das sich keiner entgehen lassen wollte.

Nach wenigen Wochen wurden die Anrufe und Besuche weniger, die Kontakte zu den »alten Bekannten« verdämmerten, dafür ließen mich meine »neuen Bekannten« in unbekannte Welten eintauchen.

Herzlich Willkommen

Bevor ich mich für das Augustinum entschied, versuchte ich, soviel wie möglich über das Haus in Erfahrung zu bringen. Ich wusste, dass regelmäßig Vorträge, Ausflüge, Theater- und Konzertabende stattfinden, ich sah, dass im Restaurant eine ansprechende Atmosphäre herrschte. Die Damen und Herren vom Einzugsservice, am Empfang und in der Verwaltung haben viel dafür getan, mir den Schritt zu erleichtern.

Der Rahmen ist für mich zwar wichtig, um mich in einer neuen Umgebung wohlzufühlen, es hilft aber der ganze Rahmen nichts, wenn es mir nicht gelingen würde, neue Freunde zu finden. Von Anfang an war ich der festen Überzeugung, in meinem neuen Zuhause glücklich werden zu können, mir war aber auch bewusst, dass es nicht von alleine passieren würde. Ich musste wieder einmal die Zügel selbst in die Hand nehmen, um in meinem Appartement nicht zu vereinsamen.

Schon an meinem ersten offiziellen Abend im Augustinum ging ich deshalb abends ins Restaurant, um eine Kleinigkeit zu essen und nach bekannten Gesichtern Ausschau zu halten. Mein Schauspielkollege Rolf Schimpf wohnte hier, über ihn würde es mir sicherlich gelingen, erste Kontakte zu knüpfen.

Ich stand noch in der Tür und hielt nach Rolf Ausschau, als eine Frau mit kurzen grauen Haaren, blaugestreifter Bluse und Jeans auf mich zukam und mir ihre Hand entgegenstreckte. »Ich heiße Mia Springer. Wenn Sie möchten, können Sie sich gerne zu uns an den Tisch setzen.«

Mia führte mich an ihren Tisch, an dem schon Frau Dr. Sieglinde Schmidt und meine neue Nachbarin Hedwig Döbereiner saßen und die Speisekarte studierten. Beide hießen mich herzlich willkommen.

Die drei Damen kannten sich schon lange vor ihrem Einzug ins Augustinum und aßen oft miteinander zu Abend.

Ich setzte mich, suchte mir eine Kleinigkeit auf der Karte aus und noch bevor der Kellner unsere Vorspeise brachte, unterhielten wir uns, als würden wir uns schon lange kennen.

Mias Montagszirkel

Es gibt Menschen mit einem ganz besonderen Talent. Sie bringen Menschen zusammen und schaffen es, sie für eine Sache zu begeistern. Ob man will oder nicht, ihrem Enthusiasmus kann man sich kaum entziehen.

Mia ist so jemand. Im Augustinum hatte sie schon vor Jahren einen Damenzirkel etabliert, der sich immer am ersten Montag des Monats, morgens um 8 Uhr im Separee des Restaurants traf. Zuerst frühstückten die zwölf Frauen gemeinsam, dann wurde ein Impulsvortrag von einer der Frauen gehalten. Das Thema des 20-minütigen Vortrags durfte sich jede Frau selbst aussuchen.

Es wurden Bilder gezeigt, Reisegeschichten erzählt und Bücher besprochen. Einige Frauen griffen Themen aus ihrem Berufsleben auf und ermöglichten es den anderen auf diese Weise, Einblicke in die unterschiedlichsten Branchen zu bekommen.

In diesen Kreis aufgenommen zu werden bedeutete für mich, meine neuen Nachbarinnen in einer ungezwungenen Atmosphäre kennenzulernen. Die Small-Talk-Phasen über Wetter und Essen, die einem Kennenlernen in vielen Fällen vorausgehen, konnte ich mir so ersparen.

Dabei sollte es aber nicht bleiben. Ich hatte mich für diese Lebensform entschieden und war wild entschlossen, ganz in diese Welt einzutauchen.

Schon bei meinem Einzug hatte ich das Augustinum-Magazin »Die Woche« überreicht bekommen. Das Heft erscheint wöchentlich und enthält Hinweise zu allen Lesungen, Vorträgen, Kursen, Konzerten, Ausflügen, Partys, Feiern und Ausstellungen.

Ich setzte mich an meinen Schreibtisch, nahm einen Stift und kreuzte alles an, was spannend klang. Dann nahm ich meinen Kalender und plante die kommende Woche. So mache ich es auch heute noch.

Das Programm ist sehr abwechslungsreich und so gestaltet, dass Bewohner und Bewohnerinnen mit den unterschiedlichsten Interessen etwas finden und auch Menschen mit schwerwiegenderen Einschränkungen teilnehmen können. Obwohl es also immer etwas zu tun gibt, gibt es ein paar Highlights im Jahr, die sich nur die wenigsten entgehen lassen.

Für mich gehören das Sommerfest unter einem großen offenen Zeltdach auf der Wiese, das Oktoberfest, bei dem sich alle in Tracht werfen, Advents- und Weihnachtsfestlichkeiten zu den Highlights, die wunderbaren Konzerte im Theatersaal nicht zu vergessen. Selbst die Faschingsparty hier im Augustinum ist ein Vergnügen. Es wird getanzt, als gäbe es kein Morgen.

Die Seele baumeln lassen

Nach meinem letzten Drehtag sollte das kommen, was auf Abschiedsfeiern gerne als »wohlverdienter Ruhestand« bezeichnet wird. Ich hatte mein ganzes Leben lang viel gearbeitet und finanziell immer für mich selbst gesorgt. Jetzt war der Zeitpunkt gekommen, an dem ich nur noch die Seele baumeln lassen wollte. Hätte man mir vor ein paar Jahren gesagt, dass ich Kameras, Bühnen und Schauspielkollegen schon nach so kurzer Zeit nicht mehr vermissen würde, ich hätte es niemals geglaubt.

Keine Termine, die mir nicht selbst wichtig waren, keine Verpflichtungen, die ich nicht selbst eingehen wollte, keine Drehpläne, die in Stein gemeißelt waren.

Den Tag selbst gestalten zu können bedeutete aber nicht, nur auf meinem Balkon zu sitzen und in die Berge zu schauen, den Tag zu gestalten kann auch sehr anstrengend sein, zumindest dann, wenn die neue Freundin lieber auf die Berge geht, als sie nur von weitem anzuschauen.

Jutta auf Wanderschaft

Ich liebe Tiere, habe Freude an schönen Blumen und genieße es an bayerischen Seen zu sitzen. Auf die Idee, mir Landschaften wandernd zu erobern, wäre ich ohne Mia niemals gekommen.

Als passionierte Pfadfinderin kann sie Karten lesen, Feuer machen und wahrscheinlich könnte sie sogar mit ihrem Taschenmesser ein Floß bauen.

Wenn wir auf Wanderschaft gehen, bevorzugt sie sportliche Hosen und funktionale Blusen und Westen. Startklar ist sie erst, wenn auch der Tee gekocht, die Brote geschmiert und in den Rucksack gepackt sind.

Vor unserer ersten Wanderung inspizierten wir beide meinen Kleiderschrank und stellten eine Kombination aus halbwegs Outdoor-geeigneten Kleidungsstücken zusammen. Während sich bei der Kleiderfrage noch improvisieren ließ, kam ich beim Thema »Rucksack« an meine Grenzen. Ich hatte Handtaschen für alle Gelegenheiten, was aber hätte ich bislang mit so einem Wanderutensil machen sollen?

Mia klappte den Schrank zu, holte noch schnell ihre Jacke und fuhr mit mir in das Geschäft, in dem ich häufig meine Handtaschen kaufe. In ein richtiges Sportgeschäft zu gehen, weigerte ich mich. Geld für einen grauen oder braunen Gore-Tex-Rucksack ausgeben? Soweit ging meine Wanderlust dann doch nicht.

Inzwischen habe ich Rucksäcke in allen Farben. Ich habe einen roten, einen gelben, einen blauen, einen pinken, einen goldenen, einen silbernen und grünen Rucksack. Egal, nach welcher Jacke mir der Sinn steht – ich besitze den farblich passenden Rucksack. Mia kann sich in Angesicht meiner Rucksackkollektion die ein oder andere lustige Bemerkung nicht verkneifen. Es wird ihr wohl ewig ein Rätsel bleiben, warum mir ein schöner beiger Multifunktionsrucksack für mich einfach nicht kleidsam erscheint.

Wandern mit dem MVV

Meine neue Freundin ist es auch, die mein Umweltbewusstsein in ganz neue Bahnen gelenkt hat. Für mich war immer klar, dass ich mit dem Auto fahre, solange mir das mit meinen Augen irgendwie möglich ist. Öffentliche Verkehrsmittel waren eine Notlösung und keine bewusste Entscheidung. Mia sieht das ganz anders. Mit dem Auto wird nur gefahren, wenn es gar keine andere Möglichkeit gibt, ansonsten sind Bus und Bahn die Verkehrsmittel der Wahl.

Nun sind ältere Menschen nicht berühmt dafür, auf alte Gewohnheiten gerne zu verzichten. Was öffentliche Verkehrsmittel betrifft, wundere ich mich manchmal über mich selbst. Ich habe mittlerweile eine Jahreskarte für den MVV und gehe ganz selbstverständlich zur U-Bahn, ohne einen Gedanken an mein Auto in der Garage zu verschwenden.

Unsere Langau

Der Ort, an den wir beide oft und gerne fahren, ist die Langau. Sie ist nicht weit von der Wieskirche entfernt, direkt am Tor zum Allgäu gelegen, wie es auf der Website so schön heißt.

Von 1803 an war die Langau die Klosterschwaige des Prämonstratenserklosters.

Mia war mit dabei als Hedwig Döbereiner, meine Wohnungsnachbarin, für die Christlichen Pfadfinderinnen die Langau 1965 kaufte und zu einer Bildungs- und Erholungsstätte für Menschen mit Behinderung umbauen ließ.

Was vor knapp 55 Jahren in Angriff genommen wurde, ist

heute ein wunderbarer Ort in einer sagenhaften Umgebung, an dem Menschen mit ihren behinderten Angehörigen Urlaub machen können.

Nachdem wir beide uns ein bisschen besser kannten und ich die Langau bei einem unserer Ausflüge schon kennengelernt hatte, entwickelte sie zusammen mit Peter Barbian, dem Leiter dieser Bildungsstätte, einen Plan: ich sollte in der Langau mitarbeiten.

Barbian lernte ich bei einem Spaziergang im Englischen Garten kennen. Er sagte mir, dass sie beide sich sehr freuen würden, wenn ich zu einer Zusammenarbeit bereit wäre. Im ersten Moment war ich von der Idee wenig begeistert. Unter Mitarbeit stellte ich mir Unterstützung in der Pflege oder der Kinderbetreuung vor. Willem hatte ich viele Jahre gepflegt und wollte jetzt, da ich endlich keine Verpflichtungen mehr hatte, auf gar keinen Fall auf diese Art ins Arbeitsleben zurückkehren.

Ich wollte Peter Barbian und Mia nicht enttäuschen und suchte verzweifelt nach Worten, um ihnen möglichst einfühlsam aber bestimmt abzusagen.

Nach meinen ersten vorsichtigen Versuchen legte Mia belustigt die Stirn in Falten: »Aber Jutta, du sollst doch nicht im Tagesgeschäft mithelfen, sondern als Botschafterin die Idee der Langau in die Welt tragen!« Barbian ging noch mehr ins Detail: »Frau Kammann, Sie sollen mir zur Seite stehen, wenn es gilt, die Langau zu repräsentieren.« Ein Stein fiel mir vom Herzen: »Ja, das mache ich gerne!«

Der Verein brauchte ein Gesicht, das in Deutschland vielen Menschen bekannt ist, eine Person, die über viele Pressekontakte verfügt und der die Menschen gerne zuhören, wenn sie von der Langau erzählt.

Meinen ersten offiziellen Auftritt hatte ich bei der Feier zur Wiedereröffnung.

Die Räumlichkeiten waren mit großem Engagement und hohem finanziellen Aufwand so umgebaut worden, dass Menschen mit Behinderung, an Demenz Erkrankte und deren Angehörige aber auch Schulklassen, Seminarteilnehmer und Familien dort glückliche Tage verbringen können. Es gibt sogenannte Snoezelen-Räume zum Entspannen, Räume zum Toben, ein schönes barrierefreies Restaurant, Aufenthaltsräume und Seminarräume. Die Zimmer und Bäder sind so gestaltet, dass selbst Menschen mit schwersten Behinderungen gut zurechtkommen. An jedes Detail wurde gedacht, ohne den Eindruck einer Pflegeeinrichtung zu vermitteln.

Die renovierten Räume und der neue Gebäudeteil wurden am 20. Juni 2017 mit viel Prominenz eingeweiht. Barbian nutzte diesen festlichen Anlass, um mir meine offizielle Ernennungsurkunde und eine Miniaturausgabe des Engels der Langau zu überreichen. Er soll das Symbol der Botschafterin sein.

In meiner neuen Rolle als Botschafterin hielt ich eine Rede und erläuterte den Gästen unter anderem, welche Bedeutung das Wort »Engel« für mich hat – Buchstabe für Buchstabe.

E   wie Erhören ohne zu verurteilen
N   wie Nahebringen ohne vereinnahmen zu wollen
G   wie Geben ohne etwas zu erwarten
E   wie Einfühlen ohne dich selbst zu verlieren
L   wie Lieben ohne besitzen zu wollen.

Der kleine Engelanhänger ist für mich zu einem Schutzengel geworden, den ich nicht nur trage, wenn ich in offizieller Mission für die Langau unterwegs bin.

Ich möchte, dass Menschen mit einer Behinderung, egal welcher Art, und deren Angehörige, von der Langau erfahren und mache es inzwischen bei den meisten meiner Interviews zur Bedingung, dass auch die Langau im Text vorkommt. Es sollen möglichst viele Menschen erleben dürfen, was mich bei meinen Besuchen immer wieder zutiefst berührt: Wie vorurteilsfrei und heiter in der Langau behinderte, nichtbehinderte und demente Menschen miteinander umgehen.

Wenn meine Popularität bewirken kann, dass auch Hamburger, Leipziger oder Bielefelder von der Langau erfahren und dadurch entspannte Ferien mit ihren Liebsten verbringen können, so ist es die Mühe in jedem Fall wert.

Der Geist, der in der Langau zu spüren ist, macht mich aber nicht nur glücklich, sondern manchmal auch ein wenig melancholisch. Wenn ich die Familien mit ihren an Demenz erkrankten Angehörigen sehe, wenn ich sehe, wie sich ihr Gesichtsausdruck entspannt, sie wieder lachen können, muss ich an meine Schwester Gisela denken. Sie hätte es sicherlich auch sehr schön gefunden, ein paar Tage in diesem wunderbaren Haus verbringen zu dürfen.

Erinnerungen an Gisela

Es gibt die Redewendungen »Blut ist dicker als Wasser« und »die Familie kann man sich nicht aussuchen«. Bei meinem Verhältnis zu Gisela trifft beides zu. Wären wir nicht Schwestern gewesen, hätten wir uns vermutlich niemals kennengelernt. Und obwohl wir so verschieden waren, gab es zwischen uns eine Bindung, derer wir uns nie versichern mussten.

Durch die Trennung unserer Eltern, die auch zur Trennung von uns Geschwistern führte, gab es Jahre, in denen wir nichts voneinander hörten. Dann wieder gab es Abschnitte, wie nach Willems Tod, in denen meine Schwester zu meiner wichtigsten Bezugsperson wurde.

Unsere Lebensentwürfe hätten unterschiedlicher kaum sein können und trotzdem gab es etwas, worauf wir uns verlassen konnten: Wenn es wirklich wichtig wurde, waren wir füreinander da.

Gisela heiratete mit 18 Jahren einen gleichaltrigen Mann und brachte zwei Söhne zur Welt.

Schon als junge Frau bekam meine Schwester eine sehr ausgeprägte Osteoporose, die durch die schlechte Ernährung während der Kriegs- und Nachkriegsjahre verursacht worden war. Sie hatte immer starke Schmerzen, die die Ärzte durch zahlreiche Operationen an der Wirbelsäule zu lindern versuchten. Aber anstatt die Situation zu verbessern, verschlechterte sich ihr Zustand zusehends.

Mit noch nicht einmal 70 Jahren kam eine zweite schwere Erkrankung hinzu: Gisela wurde langsam dement.

Während sie immer kränker wurde, starb ihr Mann Egon innerhalb weniger Wochen.

Meine Schwester hatte sich immer gewünscht, zu Hause bleiben und dort auch sterben zu dürfen. Ihr Sohn Uwe erfüllte ihr diesen Wunsch und richtete das Haus so ein, dass sie von einer Pflegerin versorgt werden konnte.

Als Gisela schon sehr krank war, wurde Uwe noch einmal Vater. Es war für mich unglaublich zu sehen, welchen Einfluss das Baby auf die nicht mehr ansprechbare, kranke Frau hatte. Setzte man das Kind zu ihr aufs Bett, wurde sie ganz ruhig und bekam einen entspannten, glücklichen Gesichtsausdruck.

In ihren letzten Lebensmonaten bestand Gisela darauf, den ganzen Tag den Fernseher laufen zu lassen. Stellte man ihn ab, schrie sie: »Nein, Nein, Nein! Jutta, Jutta!«

Zwei Wochen vor ihrem Tod besuchte ich sie das letzte Mal. Ich saß an ihrem Bett und erzählte ihr Geschichten aus unserer Vergangenheit. Sie erkannte mich noch, miteinander reden konnten wir nicht mehr und trotzdem hatte ich das Gefühl, dass meine Erzählungen aus unseren Kindertagen sie noch erreichten.

Vom Tod meiner geliebten Schwester erfuhr ich beim Drehen in Leipzig. Jetzt war nur noch ich aus unserer Familie übrig.

Gut Aiderbichl

Die Langau lernte ich durch Mia kenne. Sehr viel länger bin ich Michael Aufhauser verbunden, dem Gründer von Gut Aiderbichl, dem Gnadenhof für Tiere.

Michael und ich lernten uns 1982 am Theater bei der Aufführung von *Lady Windermeres Fächer* von Oscar Wilde kennen.

Bevor er sich dem Tierwohl widmete, versuchte er sich auf der Bühne und bekam auch einige kleinere Rollen. Er stammt aus einer sehr wohlhabenden Familie und lud während unseres Gastspiels das ganze Ensemble öfter in seine noble Wohnung in Nymphenburg ein.

Michaels Interesse an der Schauspielerei währte nicht lange. Seine neue Berufung fand er in der Amerikanischen Tourismusindustrie und zog für einige Jahre in die USA. In Amerika lernte er eine sehr wohlhabende Schweizerin kennen, mit der er kurz vor ihrem Tod nach Österreich zog. Hier in Salzburg wurde er vom Saulus zum Paulus. Aus dem Lebemann Michael Aufhauser war ein überzeugter Tierschützer geworden. Im Jahr 2000 begann er mit dem Aufbau von Gut Aiderbichl in Henndorf, viele weitere Gnadenhöfe folgten. Inzwischen sorgt sein Nachfolger Dieter Ehrengruber für 6000 gerettete Tiere auf 23 Höfen. Wann immer es sich einrichten lässt, fahre ich, die ich eine Tierpatin bin, nach Gut Aiderbichl. Früher schaute ich bei meinen Ausflügen auch auf einen Kaffee bei meinen Freund Michael vorbei. Vor fünf Jahren erkrankte er schwer und wird seither vor der Öffentlichkeit abgeschirmt. Besuchen kann ich ihn deshalb leider nicht mehr, unterstütze aber mit Freuden sein Lebenswerk.

Corona

Ich habe mich darauf eingestellt, wegen meiner Augen nicht mehr reisen zu können. Mir war klar, dass es für mich irgendwann zu mühsam werden könnte, von einer Veranstaltung zur Nächsten zu eilen. Dass es ausgerechnet eine Pandemie sein würde, die das gesellschaftliche Leben zum Erliegen bringt und alle meine Pläne auf Eis legt, damit hätte ich niemals gerechnet.

In den Nachrichten sah man Ende Januar 2020 die ersten Bilder aus China. Menschen lagen in überfüllten Krankenhäusern, ganze Stadtteile wurden abgeriegelt.

In Deutschland kam es zwar auch zu ersten Infektionen, die aber schienen die Behörden sehr schnell in den Griff bekommen zu haben. Wer in Verdacht stand, sich infiziert zu haben, wurde unter Quarantäne gestellt.

In unserer gepflegten Seniorenresidenz hatten wir keine Angst vor einem Virus in China. Eine Grippe mit vielen Toten gab es jeden Winter, warum sollte dieses Virus schlimmer sein? Hellhöriger wurde ich erst, als der Karneval in Venedig abgesagt wurde und plötzlich erschreckende Bilder aus der Lombardei in den Nachrichten zu sehen waren. Innerhalb weniger Wochen war das Virus nicht mehr im fernen Asien, sondern gleich nebenan.

Zu der Zeit änderte sich auch die Stimmung im Augustinum. Die Direktorin des Hauses, Frau Rapp, bat die Bewohner und Bewohnerinnen schon Wochen vor dem Lockdown täglich am Eingang des Restaurants eindringlich, die aufgestellten Spender zur Handdesinfektion zu benutzen. Inzwischen war aus Frankreich, Spanien und Italien bekannt geworden, dass besonders ältere Menschen mit ernsthaften Komplikationen zu rechnen hatten.

Wie gefährlich Corona tatsächlich ist, wurde den allermeisten meiner Mitbewohner erst bewusst, als es zum ersten großen Ausbruch in einem Alten- und Pflegeheim in Würzburg kam, bei dem neun Menschen starben.

Aus dem abstrakten Virus war eine reale und tödliche Gefahr geworden.

Zur falschen Zeit am richtigen Ort

In den Zeitungen und im Fernsehen konnte man nun täglich lesen, welche Maßnahmen Krankenhäuser ergriffen, um Zustände wie in Italien und Frankreich zu vermeiden.

Ganze Flügel wurden freigeräumt, nicht unbedingt notwendige Operationen wurden verschoben.

So kam ich in den zweifelhaften Genuss, eine ganze Station für mich alleine zu haben. Es war eine Corona-Station.

Der 15. März war ein Sonntag wie er im Bilderbuch steht. Die Sonne strahlte, in den Gärten blühten Krokusse und Tulpen. Mia und ich beschlossen, einen kleinen Ausflug in den Nymphenburger Park zu unternehmen, um den Frühling gebührend zu begrüßen. In den Zeitungen mehrten sich die Hinweise, dass es in den nächsten Tagen auch in Bayern zum Lockdown kommen könnte. Mit der Aussicht, das Augustinum vielleicht wochenlang nicht mehr verlassen zu dürfen, wollten wir noch einmal unsere Freiheit genießen.

Nach dem Frühstück nahmen wir die Straßenbahn, die direkt zum Nymphenburger Schloss fährt.

Wir kamen an, stiegen aus und wollten die große Straße überqueren, als alles sehr schnell ging. Ich unterschätzte die Höhe des Bordsteins, blieb an der Kante hängen und fiel der Länge nach hin, direkt auf meinen Brustkorb.

Irgendwie muss auch noch der Arm dazwischen geraten sein, denn schon nach wenigen Minuten stand fest, dass ich es nicht mehr von selbst ins nächste Krankenhaus schaffen würde. Die Pfadfinderin zögerte nicht lange und rief sofort die 112 an. Die Sanitäter legten mich auf die Trage, tasteten mich ab und gaben in der Leitstelle Bescheid. Mit gebrochenem Arm und geprellten Rippen blieb mir nichts anderes übrig, als eine medizinische Notfallversorgung im Krankenhaus in Anspruch zu nehmen.

In der Notaufnahme empfingen mich vermummte Menschen und testeten mich erst einmal auf Corona. Dann wurde ich geröntgt und untersucht. Ein Blick auf das Bild bestätigte das, was die Sanitäter schon vermutet hatten – der Arm und das Handgelenk waren gebrochen und mussten operiert werden.

An diesem Sonntag durfte meine Freundin noch bis abends bei mir bleiben, schon am nächsten Tag waren Besucher nicht mehr zugelassen.

So lag ich nun mutterseelenallein mit meinem frischoperierten Arm auf der geisterhaft leeren Corona-Station und hoffte, dass kein Corona-Patient eingeliefert werden würde.

Nach drei Tagen durfte ich wieder zurück ins Augustinum, doch in diesen drei Tagen hatte sich auch hier die Welt verändert.

Das Restaurant war geschlossen, Besucher durften das Haus nicht mehr betreten, in den Fluren musste Mund-Nasen-Schutz getragen werden.

Es war gar nicht so sehr der operierte Arm, der mir Schmerzen bereitete, es waren die geprellten Rippen, die jeden Atemzug zur Qual machten.

Ich war froh, dass ich mich hier im Augustinum um nichts kümmern musste und von unserem Hausinternisten Dr. Frank Muschiol hervorragend versorgt wurde.

Frühstück und Mittag- und Abendessen wurden mir, so wie allen anderen Bewohnern, ans Appartement gebracht. Wann immer ich Hilfe benötigte, konnte ich an der Rezeption anrufen.

Für den Sonntag hatte ich vor meinem Unfall eine kleine Geburtstagsfeier geplant. Anstatt meinen 76. Geburtstag in Gesellschaft zu begehen, saß ich nun alleine in meinem Appartement und konnte kaum telefonieren. Jeder Atemzug schmerzte zu sehr, um mit meinen Freundinnen wenigstens am Telefon ein paar Worte zu wechseln.

Die nächsten Wochen sollten wir Bewohner unsere Appartements so wenig wie möglich verlassen. In meiner Situation stand mir auch nicht der Sinn nach großen Sprüngen. Mein Radius beschränkte sich auf wenige Meter, meine Gedanken kreisten um die richtige Position auf dem Bett. Eine halbwegs schmerzfreie Nacht empfand ich schon als Segen.

Was mir in dieser Zeit fehlte, waren meine Freundinnen. Die Freundinnen im Haus und Gilla, die zu besuchen ich mich schon so lange gefreut hatte.

Doch obwohl wir uns nicht sehen konnten, war für uns von Anfang an klar: Wir stehen das hier gemeinsam durch, halten uns an alle Anordnungen und hoffen, dass auch diese schwierige Zeit bald vorbeigehen wird.

Nachts kommen die Dämonen

Während ich tagsüber ein durch und durch positiver Mensch bin, kommen nachts die Dämonen.

Besonders meine Augen machen mir dann große Sorgen. Habe ich an alle meine Untersuchungen gedacht? Mache ich alles richtig? Bleibt mir mein Augenlicht erhalten? In langen Nächten werden selbst aus kleinen Problemen riesengroße Monster.

In der Schauspielschule brachte man uns Autogenes Training bei. Unser Professor sagte Sätze wie: »Meine Füße werden schwer. Meine Zehen werden ganz schwer, ...« Wir Schüler fanden die Übungen damals eher albern und kicherten vor uns hin.

Jahre später spielte ich in München an einem Theater *Die Gerechten* von Albert Camus. Mit einem Mal lief mir der Schweiß den Rücken hinab, am Hals bildeten sich rote Flecken, die sich über meinen ganzen Oberkörper zogen.

Ich rief am nächsten Tag meinen Arzt an, der noch am Telefon eine Gürtelrose diagnostizierte. Gürtelrosen haben häufig psychogene Ursachen, bei mir war es Willems schwere Pflege, die mich heillos überforderte. Trotzdem spielte ich jeden Abend.

Bei einem anschließenden Engagement in Stuttgart, zu dem ich ihn Gott sei Dank mitnehmen konnte, verschlimmerten sich die Symptome. Je näher die Vorstellung rückte, desto größer wurde meine Panik. Die Ohren gingen zu, ich hörte meine Stimme nur noch dröhnend von innen.

Der Stuttgarter Theaterarzt legte mich auf eine Couch und machte mit mir Autogenes Training, vielleicht war es sogar eine Art Hypnose. Ich erinnerte mich an die Schauspielausbildung und war dankbar, diese Übungen in jungen Jahren gelernt zu haben.

Nach dieser Behandlung ging ich jeden Tag, lange bevor meine Kollegen und Kolleginnen kamen, ins Theater. Ich legte mich auf den nackten Bühnenboden, vor mir der große schwarze Theatersaal. Mantraartig wiederholte ich die immer gleichen Sätze: »Jutta, du kannst es. Du bist eine gute Schauspielerin. Du bist dieser Rolle gewachsen.« Die Anspannung und Angst lösten sich und dann waren sie da, die wenigen Momente der absoluten Leichtigkeit. Alles war in Ordnung. Alles war gut. So positiv aufgeladen konnte ich in die Vorstellung gehen. Dieses Erlebnis völligen Einsseins mit mir und der Welt werde ich nie vergessen. Ähnliche Momente kannte ich nur, wenn Willem um mich war. Er hatte durch seine liebevolle Art nach meinem schwierigen Start ins Leben vieles wieder zurechtgerückt.

Mit der Zeit wurden die Panikattacken weniger, ich konnte angstfrei auf die Bühne gehen und meinen Beruf ausüben.

Die Gürtelrose verschwand erst nach einem halben Jahr, hat sich aber glücklicherweise seitdem nie mehr blicken lassen.

Autogenes Training machte ich noch lange nach dieser existenzbedrohenden Phase.

Während ich nun mit meinen geprellten Rippen und dem gebrochenen Handgelenk mitten in einer Pandemie alleine in meinem Bett liege und über die Zukunft nachdenke, erinnere ich mich wieder an die Übungen, die mir in früheren Jahren geholfen haben.

Ich schließe die Augen und sage mit leiser Stimme vor mich hin: »Jutta, du schaffst das. Alles wird gut. Heute Nacht wirst du schlafen können.«

Und tatsächlich schlafe ich und wache erst in der Morgendämmerung auf.

Übergänge

In einer Filmstadt wie München zu leben, bringt für Schauspieler viele Vorteile mit sich, auch dann, wenn man eigentlich aus dem aktiven Berufsleben halbwegs ausgeschieden ist. Es gibt immer Empfänge und Branchentreffen, auf denen man alte Kollegen treffen und neue Menschen kennenlernen kann.

An einem dieser Abende lief ich dem renommierten Dokumentarfilmer Alexander Riedel in die Arme. Wir standen zufällig nebeneinander, als ihn eine Horde rücksichtsloser Paparazzi wegschupste, um Fotos von mir zu machen.

Alexander nahm es mit Gleichmut, wartete, bis der Tross weitergezogen war und fragte mich interessiert: »Entschuldigen Sie, wer sind Sie denn?« Ich stellte mich vor und konterte mit einer Gegenfrage: »Und Sie?« Aus den wenigen Worten ergab sich ein interessantes Gespräch. Bevor wir auseinandergingen, gab ich ihm eine Autogramm-Karte mit meiner Telefonnummer. Peinlicherweise hatte ich meine Visitenkarten vergessen und musste mich in der Not so behelfen. Nach drei Wochen klingelte mein Telefon, am Apparat war Alexander Riedel mit der Frage, ob ich nicht bei seinem nächsten Projekt mitwirken wollte. Ein Film über berufliche Übergänge.

Alexander kam zu mir ins Augustinum, wir besprachen das Projekt in allen Details. Überzeugt von Alexanders Idee sagte ich zu.

Seit einem Jahr begleitet mich nun Alexander in den unterschiedlichsten Situationen: beim Dreh für einen neue Folge von *In aller Freundschaft*, im Urlaub auf Sylt, bei der Operation meiner Makula, in der Langau und hier im Augustinum. Die Stunden mit Alexander Riedel sind zwar durchaus anstrengend aber überaus bereichernd. Im Unterschied zu meinen bisherigen Filmprojekten spiele ich in diesem Film keine Rolle, stattdessen geht es um mich, um die Person Jutta Kammann.

Wenn ich mir was wünschen dürfte

Mit zunehmendem Alter werde ich immer häufiger gefragt, was ich mir denn im Leben noch wünschen würde. Dieses »noch« im Satz hat für mich einen faden Beigeschmack. Natürlich habe ich einen großen Teil meines Lebens schon gelebt, und wie viele Jahre mir noch bleiben, steht in den Sternen. Jeder Tag kann der letzte sein, aber das ist bei 20-Jährigen auch nicht anders.

Was mich aber wahrscheinlich von einer jungen Frau unterscheidet, sind die Wünsche, die sich mit den Jahren verändert haben. Was früher eine Selbstverständlichkeit war, ist heute ein Geschenk.

Ich freue mich über jeden Tag, an dem es mir gut geht.

Ich hoffe, dass meine Augen nicht sehr viel schlechter werden. Meine Makuladegeneration ist nicht heilbar, das weiß ich. Nur verschlimmern sollte sie sich nicht.

Inspirierend finde ich es, mit neuen Aufgaben konfrontiert zu werden. Ich mag es, wenn ich mich anstrengen muss, wenn ich das Gefühl habe, ganz klar und wach im Kopf zu sein.

Zu einem Gastauftritt bei *In aller Freundschaft* eingeladen zu werden, ist heute für mich etwas Besonderes. Die Kollegen, die Abläufe, die Anspannung, das Lachen in den Pausen – was früher für mich selbstverständlicher Alltag war, ist heute eine bereichernde Abwechslung.

Ich wünsche mir, einige schöne Reisen machen zu können und Orte wiederzusehen, die mich besonders berührt haben.

Mit Gilla habe ich alle Orte bereist, die ich unbedingt sehen wollte. Ich war in Amerika, Australien, Neuseeland, Südafrika, in der Karibik und in Patagonien.

Ich habe Kap Horn umrundet und bin durch den Panamakanal gefahren.

Die Länder, in die es mich gezogen hat, durfte ich bereisen. Es waren schöne Reisen mit vielen aufregenden Eindrücken.

Und dennoch gibt es nur wenige Orte, die einen festen Platz in meinem Herzen haben und wohin ich gerne noch einmal fahren würde.

Wenn ich mir also etwas wünschen dürfte, dann wäre es eine Reise in die Kälte zu den irisierenden Polarlichtern.

In den Norden bin ich bislang immer im Sommer gereist.

Ich sah die Mitternachtssonne am Horizont, stand am Nordkap und ritt auf einem Islandpferd durch märchenhafte Landschaften. Polarlichter aber habe ich noch nicht gesehen, ich kenne sie nur aus beeindruckenden Dokumentationen, von Fotos und aus Erzählungen von Freunden, denen es schon vergönnt war, dieses Himmelsphänomen zu erleben. Die Kälte nähme ich gerne in Kauf, wenn ich dafür die grünen und blauen Lichter am Himmel wie Geister aus einer anderen Welt durch die Dunkelheit tanzen sehen dürfte.

Späte Freundschaften

Viele Kinder haben schon im Kindergarten den besten Freund oder die beste Freundin. Bei mir war das anders. Als Kind war ich selten so lange an einer Schule oder an einem Ort, um genügend Zeit zu haben, Freundschaften zu schließen.

Als ich nach dem Internat wieder nach Hamburg kam, gab es zwar ein paar Mädchen, mit denen ich mich gut verstand. Dadurch, dass mir meine Mutter es nie erlaubte, jemanden mit nach Hause zu bringen oder andere Mädchen zu besuchen, war es jedoch nicht einfach, einen engeren Kontakt aufzubauen.

Mit 14 Jahren kam ich auf die Idee, meine Mutter mit meinen Schlittschuhen hinters Licht zu führen. Auf die Eisbahn in Planten un Blomen durfte ich gehen, nur eben nicht zu anderen Kindern. Wann immer sich die Gelegenheit bot, nahm ich meine Schlittschuhe und lief statt zur Eisbahn zu einer Freundin. Die Eltern wunderten sich zwar über meine Schlittschuhe, machten aber keine große Geschichte daraus. Der Vater war Lehrer und hatte eine riesengroße Modelleisenbahn im Keller, die Mutter bekochte uns Kinder.

Für mich lebte diese Freundin im Paradies. Die Atmosphäre in dieser Familie war harmonisch, und auch ich bekam etwas von dieser Wärme und Herzlichkeit ab.

Später lernte ich Willem kennen und wurde in seinem Freundeskreis herzlich aufgenommen. Diese Freunde waren Menschen, die er schon viele Jahre kannte. Sie waren in seinem Alter, ich war das »Nesthäkchen« in diesen Kreisen, was ich immer als sehr angenehm empfand.

In meiner Zeit in Berlin gab es eine Eva, Schauspielkollegin, mit der mich eine Art Freundschaft verband. Für sie war ich wahrscheinlich hauptsächlich durch meine Beziehung zu dem grossen Regisseur Wilhelm Semmelroth interessant, die Verbindung, so hoffte sie wahrscheinlich, könnte ihr bei der Suche nach einer neuen Rolle nützlich sein.

Als ich nach Berlin ans Schiller Theater kam, fühlte ich mich sehr einsam und suchte Anschluss. Viele Künstler trafen sich abends im »Diener« in Charlottenburg. In dieser Kneipe lernte ich Eva kennen. Sie hatte auch einen Hund und so kamen wir ins Gespräch.

Eva hatte bei Herbert Ballmann eine Rolle in der Serie *Drüben bei Lehmanns*. Eines Tages besuchte ich sie am Set, Ballmann wurde auf mich aufmerksam und besetzte mich danach in mehreren Produktionen.

Eva bekam tatsächlich über mich eine große Rolle in Willems Dreiteiler *Frau in Weiß*.

Nach einiger Zeit zog sie nach München. Ab und zu besuchte sie mich noch in Berlin, aber schon sehr bald ging nach einem heftigen Streit diese »Freundschaft« in die Brüche.

Mein Leben bestand aus arbeiten und Willem. Wie schwierig es in einer Lebenskrise sein kann, keinen eigenen Freundeskreis zu haben, sondern sich immer mit den Freunden des Partners umgeben zu haben, merkte ich erst, als er gestorben war. Mit ihm verschwanden auch alle seine Freunde aus meinem Leben.

Zur Seite standen mir in dieser Zeit nur Dr. Peter Bayerl, Willems Freund und Arzt aus Zorneding und Wolfram A. Guenther, den alle Schauspielkollegen und Freunde nur »Tütchen« nannten.

Als Willem starb kannte ich viele sehr wohlhabende Menschen, aber nur Wolfram kam nach Willems Tod zu mir und sagte: »Jutta, wenn du Geldsorgen hast, kannst du zu mir kommen. Ich gebe dir was.« Ich kam auch ohne Tütchens Hilfe zurecht, sein Angebot in diesen für mich sehr unsicheren Zeiten habe ich ihm ein Leben lang hoch angerechnet.

Wolfram starb auf tragische Weise im Frühjahr 2020. Er wurde von einem Auto angefahren, musste operiert werden und hat sich mit seinen 90 Jahren von diesem Unfall nicht mehr erholt.

Dem Münchner Publikum war Wolfram vor allen Dingen durch seine Rolle des Lehrers Schnauz in der *Feuerzangenbowle* bekannt. Von 2004 bis 2016 begeisterte er immer vor Weihnachten sein Publikum an der Komödie des Bayerischen Hofes mit seiner schnoddrigen Dresdner Art. 2018 feierte er mit 88 Jahren sein 70-jähriges Bühnenjubiläum. Ich saß oft im Publikum und habe mich von seiner entzückenden Art verzaubern lassen.

Was Freundschaft wirklich bedeutet, durfte ich mit Gilla kennenlernen. Vielleicht musste Willem auch erst sterben und ich mich einige Jahre ganz in mein Schneckenhaus zurückziehen, um wieder auf andere Menschen zugehen zu können.

Gilla ist eine Frau, die nicht nur viele meiner Interessen teilt, sondern auch durch ihre ausgleichende Art mein Leben bereichert. Vor Gilla hatte ich noch keinen Freund und keine Freundin gefunden, auf die ich mich ohne jede Einschränkung und ohne jeden Vorbehalt verlassen konnte. Obwohl sie fast 500 Kilometer entfernt wohnt und wir uns nur alle paar Monate sehen können, ist sie immer an meiner Seite. Wir telefonieren täglich mindestens zweimal und beraten uns über alle wichtigen Dinge. Ich würde niemals eine Entscheidung treffen, ohne vorher mit dieser Freundin gesprochen zu haben.

Was wirklich wichtig für mich ist

Für mich gleicht es fast einem Wunder, dass ich mit über 50 Jahren eine Herzensfreundin kennenlernen durfte und es dabei nicht blieb.

Mit Gilla und Mia habe ich zwei Freundinnen gefunden, denen ich mein Leben und alles was ich habe, ohne zu zögern anvertrauen würde. Ich war es gewohnt, immer Einzelkämpferin zu sein. Ich war es gewohnt, die Zügel selbst in die Hand zu nehmen und für mich zu sorgen.

Diese beiden Frauen zeigen mir, dass es manchmal wichtig ist, Dinge geschehen zu lassen und das Gute im Menschen und in Situationen nicht aus den Augen zu verlieren. Aus einem »Ich will es schaffen« ist heimlich still und leise ein »Gemeinsam werden wir das schon schaffen« geworden.

In den letzten Monaten, während ich dieses Buch schreibe, habe ich viel über mein Leben nachgedacht. Ich habe darüber nachgedacht, was mich geprägt hat, welche Menschen mir wichtig waren und was mir besonders große Freude gemacht hat.

Wenn ich auf mein Leben zurückblicke, gibt es aber auch viele schmerzhafte Momente und Erinnerungen. Auch diese

Zeiten ließ ich noch einmal Revue passieren. Ich lag nachts oft wach und konnte mich der Gefühle, die mich überfluteten, kaum erwehren.

Indem ich diese Zeilen schreibe, wird mir eines deutlich bewusst: Es sind die guten wie die schlechten Zeiten, die mich zu der Jutta Kammann gemacht haben, die ich heute bin.

Reichtum, Aussehen oder Status sind mir nicht mehr wichtig, denn im reiferen Alter durfte ich das kennenlernen, wonach ich mich in meiner Kindheit so gesehnt hatte: echte Freundschaften.

Vor bald 15 Jahren nahm ich mit meinen Kollegen und Kolleginnen aus *In aller Freundschaft* eine CD auf. Die Lieder handelten von Krankheit, Liebe, Freundschaft und Verzeihen. Gesanglich waren wir vielleicht keine Wunderkinder, wichtig waren vor allen Dingen die Texte. Der Refrain meines Liedes lautete:

Ich genieße das Leben
Ich mach das Beste draus.

Rothaarig und wild entschlossen werde ich versuchen, genau das zu tun. Mit Freundinnen und Freunden zusammen das Leben genießen und trotz aller Widrigkeiten das Beste daraus machen.

Dank

Mein herzlicher Dank geht an meine Co-Autorin Frau Dr. Margit Roth für die äußerst professionelle und einfühlsame Zusammenarbeit. Es ist ihr gelungen, trotz Pandemie und anderer widriger Umstände das Projekt mit Gelassenheit und Einfallsreichtum fortzuführen, sodass unser Zeitplan nie ins Wanken geriet.

Ebenso danke ich dem Programmleiter Uwe Globisch. Er hat mich zusammen mit Frau Dr. Roth während intensiver Vorgespräche von diesem Projekt überzeugt und mir die Angst genommen, meine Gefühle und mein Privatleben in diesem Buch so offenzulegen.

Zu guter Letzt gilt mein Dank Mia Springer, die mit Zwetschgendatschi und Kaffee dafür sorgte, dass wir regelmäßig Pause machten und so mit frischer Kraft wieder ans Werk gehen konnten.